Dirk Rohrbach

6000 Kilometer westwärts

Dirk Rohrbach

6000 Kilometer westwärts

Auf dem Rad mitten durch Amerika

Mit 35 farbigen und
23 Schwarzweißabbildungen
und 9 Karten

www.cpibooks.de/klimaneutral

Mehr über unsere Autoren und Bücher:
www.malik.de

Erweiterte Taschenbuchausgabe
ISBN 978-3-492-40610-9
August 2017
© Piper Verlag GmbH, München 2017
Die Erstausgabe erschien unter dem Titel »Highway Junkie –
Mitten durch Amerika« bei NG Buchverlag GmbH, München 2014,
und wurde für die vorliegende Ausgabe um zahlreiche neue Texte erweitert.
Redaktion: Isabella Jaross
Umschlaggestaltung: Dorkenwald, Grafik-Design, München
Fotos im Innenteil: Claudia Axmann (S. 13, S. 33, S. 59, S. 83, S. III, S. 147,
S. 177, S. 205), Dirk Rohrbach (S. 38, S. 47, S. 54, S. 65, S. 71, S. 94, S. 100,
S. 125, S. 167, S. 188, S. 195, S. 197, S. 216, S. 232, S. 240)
Autorenfoto: Jürgen Reisch
Bildteilfotos: Dirk Rohrbach
Karten: dm druckmedien gmbh
Satz: Kösel Media GmbH, Krugzell
Litho: Lorenz & Zeller, Inning a. A.
Druck und Bindung: CPI books GmbH, Leck
Printed in Germany

"But I keep on movin',
I keep movin' on down the line.
I'm a highway junkie,
I need that ole white line."

>Chris Knight, »Highway Junkie«

Inhalt

    Vorweg 9
I.   Aller Anfang ist weit 13
II. Appalachia und der wilde Osten 33
III. Country und Cash 59
IV. Der Mittlere Westen und die endlose Prärie 83

V. »High« in den Rocky Mountains   111
VI. Durch rote Felsen und zum Roten Planeten   147
VII. Auf Amerikas einsamster Straße   177
VIII. Die schönste Zielgerade   205
   Danke...   239

Vorweg

»Sie sprechen aber gut Deutsch!« Ich brauchte einen kurzen Moment, bis ich das Missverständnis selbst erfasste. Seit ein paar Minuten schon strampelte der Radler auf dem Weserradweg neben uns her. Die volle Zuladung mit Packtaschen an Vorder- und Hinterradträgern, Lenkertasche und zusätzlichen Packsäcken schien so früh in der Saison wohl noch ungewöhnlich und sorgte für Gesprächsstoff. Schon in Fulda hatte mich ein Fußgänger angesprochen, als wir vor einem Zebrastreifen die nächste Grünphase abwarteten. »Wo soll die Reise denn hingehen?« – »Los Angeles!« Schallendes Gelächter, auch bei den anderen Passanten, die gerade die Straße überquerten, und den Motorradfahrern, die auf gleicher Höhe auf der Abbiegespur standen. »Ehrlich, kein Scherz...«, wollte ich noch rufen, aber da sprang die Ampel um, und wir setzten uns mit einem Grinsen wieder in Bewegung.

Zugegeben, Hanau – Los Angeles ist keine gewöhnliche Radroute. Aber ich hatte mir in den Kopf gesetzt, bei dieser für mich besonderen Reise tatsächlich vor der Haustür zu starten und zunächst gemeinsam mit meinem Schulfreund Matthias auf den deutschen Fernradwanderwegen bis nach

Bremerhaven zu fahren. Dort wollte ich auf ein Frachtschiff steigen, bis nach New York schippern und dann allein irgendwie bis nach Los Angeles radeln. Besonders war diese Reise für mich nicht zuletzt deshalb, weil es die insgesamt 40. sein würde und ich vor genau 25 Jahren zum allerersten Mal nach Amerika gereist war. Eine Erfahrung, die eine nachhaltige Begeisterung fürs Unterwegssein, dieses Land und vor allem für seine Bewohner ausgelöst hatte.

Ich weiß, viele Menschen können das angesichts des in den USA allgegenwärtigen Größenwahns, geradezu militanten Patriotismus und scheinheiliger Moralvorstellungen nur schwer nachvollziehen. Vom fragwürdigen Kampf gegen den Terror, der Vorliebe für Schusswaffen, die Todesstrafe oder so manchen Präsidentschaftskandidaten ganz zu schweigen. Aber bei meinen ausgedehnten Reisen in den letzten drei Jahrzehnten habe ich ein anderes Amerika kennengelernt. Eines, in dem man sich noch immer traut, groß zu träumen. Wo man sein Schicksal lieber selbst in die Hand nimmt und nicht darauf vertraut, dass andere und allen voran der Staat es schon irgendwie richten werden. Klingt nach Wildwest, ist aber eher Ausdruck des erfrischenden, oft unkonventionellen Pragmatismus im Alltag. Und ich habe die Amerikaner stets als höflich, hilfsbereit, freundlich und überschwänglich gastfreundlich empfunden. Das sind nicht nur Attribute, die das Zusammenleben netter gestalten, sondern die auch die sonst so gern zitierte amerikanische Oberflächlichkeit deutlich übertrumpfen. Klar verzweifle auch ich hin und wieder an der Schizophrenie der Gesellschaft, an der absurden Obrigkeitshörigkeit vieler Uniformträger und der fast paranoiden Wahnvorstellung, eine flächendeckende Gesundheitsversorgung nach europäischem Vorbild bedeute gleichzeitig den Sieg des teuflischen Sozialismus über die Demokratie und – noch schlimmer – den Kapitalismus. Aber erstens gibt es Idioten überall, und zweitens bereichern mich die Begegnungen mit den Menschen dort auch nach all den Jahren auf eine derart intensive Weise, dass ich einfach nicht genug davon bekommen kann.

Vor diesem Hintergrund fiel die Wahl auch bei dieser Reise auf das Fahrrad. Schon einmal, im Sommer 2004, hatte ich Amerika mit dem Rad erkundet, war sechs Monate an seinen Grenzen einmal rundherum gefahren und hatte am Ende fast 15 000 Kilometer zurückgelegt. Dabei ist die körperliche Herausforderung für mich zwar jedes Mal spannend, aber viel mehr noch genieße ich das entschleunigte Reisen aus eigener Kraft, um Land und Menschen intensiver zu erleben.

Ich wollte auf den legendären Highways weit abseits der Hauptrouten fahren – mitten rein ins Herz Amerikas, nach *small-town America*, wo die Tugenden, die unsere Fantasien und Sehnsüchte nach endloser Weite und grenzenloser Freiheit beflügeln, kein Mythos sind, sondern Alltag. Die genaue Route würde sich unterwegs ergeben, und kein GPS-Navi, sondern Seiten aus einem Straßenatlas würden mir den Weg weisen – zusammen mit den Geschichten und Menschen, denen ich unterwegs begegnen würde. Den norddeutschen Flachlandradler, der davon ausging, dass ich in Deutschland nur Urlaub machen und dann heim nach Amerika radeln würde, ließ ich in seinem Glauben. Denn wenn man es genau nimmt, hatte er ja auch irgendwie recht...

I. Aller Anfang ist weit

Von Hanau nach Philadelphia

Wie schön Deutschland im April sein kann. Und wie einfach man sich hier zurechtfindet. Nahezu lückenlos markieren die Wegweiser an den Radwegen unsere Strecke. Fulda, Werra, Weser, Bremen mit kurzem Fotostopp bei den Stadtmusikanten, dann Finale entlang der Bundesstraße nach Bremerhaven. Fünf Tage brauchen Matthias und ich für die gut 650 Kilometer durch die Flusstäler bis zur Nordseeküste. Mein Nacken ist verspannt, das rechte Knie geschwollen. Fit fühlt sich anders an. Immerhin hat sich die Ausrüstung bewährt, auch wenn ich wieder viel zu viel eingepackt habe. Aber in den nächsten zwei Wochen auf dem Schiff kann ich ja aussortieren.

Bremerhaven – New York, eine geschichtsträchtige Route. Mehr als sieben Millionen Menschen sollen von hier aus in eine unbekannte Welt aufgebrochen sein, verkündet der illuminierte Schriftzug über der Rezeption des Auswanderermuseums am Hafen, das wir am Morgen vor dem Ablegen meines Containerschiffs noch kurz besuchen.

Matthias begleitet mich mit dem Rad bis zum Kai, wo die »MSC Uganda«, noch fest vertäut, gerade beladen wird. Tausende von Containern müssen auf oder in den Schiffsrumpf, überall wuseln Hafenarbeiter und Matrosen. Ich frage mich durch und werde mit knappen Worten an den

Kapitän verwiesen. Waldemar Murawski fährt seit Jahrzehnten zur See. Bei einem Gespräch später an Bord erklärt er mir die Faszination, die die Meere auf ihn ausüben.

»Als Kapitän da draußen bin ich immer noch ein Stück weit unabhängig, ich muss schnell entscheiden. Und das macht viel Spaß.«

Der Deutsch-Pole mag die Herausforderung, auch wenn Bürokratie und Richtlinien die romantische Vorstellung von der Seefahrerei genauso schnell zurechtrücken wie meine, während der Überfahrt als Hilfsmatrose auf oder unter Deck eingebunden zu sein. Schade, ich hatte mich schon im schnieken schneeweißen Matrosenoutfit das Oberdeck schrubben oder im Maschinenraum Kohle schippen sehen. Wobei die »Uganda« natürlich auf einen ganz anderen Treibstoff setzt: »Wir fahren mit verschiedenen Typen von Schweröl. In Europa darf man nur mit *Low-Sulphur*-Brennstoff fahren«, erklärt mir Kapitän Murawski. Das Gleiche gilt für Amerika: Ab einer Entfernung von 200 Meilen vor der Küste dürfen nur schwefelarme Treibstoffe eingesetzt werden. Mehr als 23 Knoten kann die »Uganda« damit machen, also etwa 43 Stundenkilometer. Meistens fährt sie aber im Eco-Modus mit 18 Knoten, um Sprit zu sparen. Dann braucht sie fast 100 Tonnen pro Tag. Die Tanks fassen mehr als 3000 Tonnen Treibstoff, das reicht theoretisch also für knapp einen Monat auf See. Tausende von Tonnen Schweröl pro Überfahrt – das klingt nicht sehr umweltfreundlich. Wenn man aber die Ladekapazität eines Superfrachters berücksichtigt, gibt es keine ressourcenschonendere Transportmethode.

Die Tage an Bord der »MSC Uganda« werden entspannend und geschäftig zugleich. Schlafen, Essen, Lesen und Arbeiten. In meiner passablen Zweizimmerkajüte schreibe ich meine »Gebrauchsanweisung für Alaska« fertig und plane grob meine Route. Alles ohne Internet, das an Bord eigentlich nur auf der Kommandobrücke verfügbar ist, mit steinzeitlicher Analoggeschwindigkeit. Ich probiere den Fitnessraum mit ein paar Hanteln, Tischtennisplatte und Ergometer. Leider ist der Sattel defekt und ein Training vorerst nicht möglich. Auf Sauna und Pool, den mir die Crew auf Wunsch gerne mit eiskaltem Atlantikwasser gefüllt hätte, verzichte ich und freue mich stattdessen auf die drei regelmäßigen Mahlzeiten in der Offiziersmesse. Die deutsche Crew und die zwölf Matrosen aus Kiribati und von den Philippinen essen getrennt. Es gibt reichlich, auch wenn die Gaumenfreude ein wenig zu kurz kommt. Zweimal am Tag brüht der reizende Steward extra für mich eine Kanne Kaffee und reicht dazu Dosenplätzchen. Zur Verdauung der vielen Kalorien gönne ich mir gelegentlich einen Hollywood-Blockbuster aus dem DVD-Archiv des Schiffs. Kein Wunder, dass der Bund meiner Fleecehose sehr bald spannt.

Die »Uganda« läuft unter deutscher Flagge und pendelt regelmäßig über den Nordatlantik. Gut 4000 Container kann sie maximal fassen, damit ist sie ein großer Pott, aber kein Superfrachter. Die neuesten Schiffe schaffen locker das Vierfache. Für Passagiere bieten Spezialagenturen seit Jahren die Eignerkabinen an, in denen ist das Reisen zwar weniger luxuriös als auf einem Kreuzfahrer, aber allemal geräumiger und in meinem Fall auch deutlich langsamer. Denn es geht nicht auf dem direkten Weg an die amerikanische Ostküste, sondern erst nach Zwischenstopps in Felixstowe, Großbritannien, Antwerpen, Belgien, und Le Havre in Frankreich endgültig raus auf den Ozean. Der gibt sich während der gesamten Überfahrt weitgehend ruhig. Nur an zwei Tagen wogen die knapp 300 schwergewichtigen Meter der »Uganda« deutlicher wahrnehmbar in den Wellen.

Kurz vor der Ankunft dümpeln wir stundenlang vor der Küste. Wir sind zu früh dran, unser Anlegeplatz wird erst am nächsten Morgen frei. Ich stelle mir den Wecker auf vier Uhr, um die Einfahrt nicht zu verpassen. Schlaftrunken torkle ich dann die Treppe rauf zur Brücke. Ich reibe mir die Augen, um sicherzugehen, dass ich nicht träume. Kein Zweifel, das muss sie sein. Verheißungsvoll und vertraut reckt sie ihren rechten Arm in den noch immer stockfinsteren Nachthimmel. Lichtstarke Scheinwerfer lösen ihr grünes Kupfergewand aus der schier endlosen Skyline, die dagegen nur spärlich beleuchtet wirkt. Mir treibt es unvermittelt die Tränen in die Augen, nicht nur wegen der auffrischenden Brise. Was müssen wohl erst die zahllosen Einwanderer in der ersten Hälfte des 20. Jahrhunderts gefühlt haben, die sich beim Anblick der Freiheitsstatue ihrem Traum einer neuen Existenz im gelobten Land ganz nah wähnten?

Ich bin vor dieser Reise noch nie in New York gewesen, hatte immer Angst vor der großen Stadt und muss jetzt feststellen, dass sie völlig unbegründet war. Der Big Apple ist zwar groß, aber durch die unterschiedlichen Ortsteile auch irgendwie überschaubar, und die Orientierung fällt durch die schachbrettartige Anordnung der Straßen gar nicht so schwer.

200 000 Radfahrer sollen täglich auf New Yorks Straßen unterwegs sein. Eine Dreiviertelmillion Einwohner nutzt das Rad regelmäßig. Die Stadt hat sich darauf eingestellt und in den letzten fünf Jahren 500 Kilometer neue Radwege gebaut. Und nachdem die Durchschnittsgeschwindigkeit der Autos in Manhattan laut Statistik bei knapp 14 Stundenkilometern liegt und es im übrigen New York nicht besser zu sein scheint, sind wir auf den Rädern auch nicht langsamer.

Der Pfarrer der Seemannsmission, der bei der Ankunft jedes Schiffes an Bord kommt und seine Hilfe anbietet, nimmt mich inklusive Rad und Ausrüstung in seinem Auto vom Hafen mit nach New Jersey. In einem Coffeeshop checke ich zum ersten Mal seit zwei Wochen meine Mails, rund

130 sind im Posteingang. Die dringendsten beantworte ich gleich, den Rest hebe ich mir für später auf.

Ich schwinge mich aufs Rad und fahre meine ersten Kilometer durch Amerika. Am Hudson River entlang gelange ich über die George Washington Bridge nach Manhattan, finde mühelos Central Park, Times Square und den neuen Freedom Tower, wo ich in ein paar Tagen eine Fähre besteigen und die Stadt verlassen werde.

Zuvor aber will ich noch einen Mann treffen, der genauso gerne Rad fährt wie ich. Sam Polcer ist in erster Linie Fotograf. Durch sein schickes Buch »New York Bike Style« bin ich auf ihn aufmerksam geworden. Dafür hat er eine Reihe hipper New Yorker auf ihren stylischen Fahrrädern abgelichtet, um zu zeigen, wie cool Radfahren sein kann. Die meisten seiner Models sprach er zufällig auf der Straße an, bevorzugt in Brooklyn, wo Sam auch lebt. Die lässigen Fotografien zeigen Kuriere, BMX-Fahrer, Fixie-Anhänger und Mitglieder des Puerto Rican Schwinn Club vor, hinter oder auf ihren gepimpten, verchromten Oldtimern. Hauptberuflich arbeitet Sam für die gemeinnützige Organisation Bike New York, ist dort der *director of communications*, also für die Öffentlichkeitsarbeit zuständig. »Wir bringen den Leuten bei, wie man Rad fährt – Kindern, aber auch Erwachsenen«, erzählt er mir im *Red Lantern*, einem coolen Coffeeshop mit Radwerkstatt in Brooklyn, in dem wir verabredet sind. Denn Radfahren scheint in den USA längst nicht so selbstverständlich wie in Europa. »Wie heißt es so schön: Radfahren verlernst du nie! Aber viele Menschen hier hatten nie die Gelegenheit, es richtig zu lernen.« Entweder weil das Rad fehlte, der Platz oder die Eltern es für zu gefährlich hielten in der Großstadt. »Allein im letzten Jahr haben wir mehr als 17 000 New Yorkern Radunterricht gegeben, Anfängern, aber auch Fortgeschrittenen, denen wir erklären, wie man im Straßenverkehr sicherer unterwegs ist«, freut sich Sam über den Erfolg von Bike New York. Es sei das größte Programm dieser Art, schwärmt er weiter, und wie toll es sei, gerade Erwachsene aufs Rad zu bringen. »Kinder lernen ständig Neues und kriegen alles locker in einer Stunde hin. Aber Erwachsene sind meist unsicher, und wenn sie es dann doch schaffen, gib's Tränen und Freude darüber, dass sie etwas gelernt haben, das sie für den Rest ihres Lebens nutzen können. Das ist jedes Mal sehr inspirierend.«

Bike New York bietet nicht nur Radunterricht für alle Altersklassen an, sondern organisiert auch diverse Events und die New Yorker Bike Expo. Höhepunkt des Jahres ist die Five Borough Bike Tour Anfang Mai, bei der jährlich mehr als 30 000 Radfahrer aus den ganzen USA und dem Rest der Welt durch die Häuserschluchten aller fünf New Yorker Stadtteile strampeln. Wenn das so weitergeht, kann New York bald Amsterdam und Münster den Rang als Fahrradhauptstadt der Welt streitig machen. Im Übrigen meint

Sam, der natürlich die 20 Kilometer zur Arbeit mit dem Rad fährt, dass es in den letzten Jahren in der Stadt deutlich sicherer für Radler geworden sei. »Wir bekommen immer mehr Radwege. Trotzdem raten wir den Leuten, sich auf dem Rad am besten wie ein Nilpferd zu verhalten. Beanspruche die ganze Fahrbahn, mach dich sichtbar, lass die Autofahrer und Fußgänger wissen, was du vorhast, fahr mit Selbstvertrauen!« Nach so viel Theorie schwingen wir uns auf die Bikes und fahren auf dem zweispurigen Radweg der Williamsburg Bridge nach Manhattan, eine Etage über dem stockenden Autoverkehr. »Manche meckern über die Brücken«, meint Sam unterwegs. »Aber irgendwie muss man ja auch auf sein Work-out kommen. Und dann diese Aussicht, das ist wahrscheinlich einer der am häufigsten auf Instagram geposteten Orte des Planeten.« Ich stimme zu, obwohl ich mit Social Media immer noch nichts am Hut habe. Mit Fotografieren schon, und dafür, da sind wir uns einig, gibt's nichts Besseres als Radfahren. »Auf dem Rad ist New York visuell besonders interessant, man sieht so viel mehr. Deshalb sind hier auch so viele Radfahrer Fotografen und umgekehrt.« Ich kann Sam nur beipflichten, die Geschwindigkeit beim Radfahren ist normalerweise langsam genug, um eben auch Details wahrzunehmen, Besonderheiten, an denen man mit dem Auto wahrscheinlich vorbeirasen würde. Am Fuß der Brücke halten wir für ein Foto. Sam setzt mich in Szene. Ich soll hinter meinem Rad posieren, mit Helm und Brille stoisch und entschlossen in die Kamera schauen. Dass ich es in eine zweite Auflage seines Buches schaffe, bezweifle ich. Mein überladener Packesel wirkt alles andere als stylish, und eine blau verspiegelte Radbrille macht noch keinen coolen Biker. »Ich wollte mit meinem Buch die Vielfältigkeit unter Radfahrern zeigen, dass Radfahren Spaß macht und so gut aussehen kann, wie es sich anfühlt. Damit noch mehr Menschen aufs Rad steigen!« Wie gut, dass Sam mir abschließend gewährt, wenigstens ein bisschen zu lächeln, trotz Nieselregen, der eingesetzt hat. Sonst würde sich der Spaß an der Sache auf den Fotos nicht sehr glaubwürdig vermitteln, befürchte ich. Und dabei freue ich mich, endlich starten zu können, verabschiede mich von Sam und fahre noch einmal zum Times Square. »You are living my dream!«, kommentieren einige Passanten, die ich in der Rushhour treffe, meinen Plan. Einfach aufbrechen, losfahren, ohne festes Ziel und Zeitdruck das Ungewisse suchen. Ein Traum, offenbar nicht nur für mich...

Ich habe mir ja vorgenommen, große Städte zu meiden und stattdessen auf Nebenstrecken *small-town America* zu erkunden, was im Osten gar nicht so leichtfällt. Denn New York folgt auf meiner Route gleich die nächste Metropole, Philadelphia. Dazwischen aber liegen zwei Tagesetappen durch Vororte und nette Städtchen, die mitunter auf eine für

Amerika erstaunlich lange 300-jährige Geschichte zurückblicken können. Die Schnellfähre aus Manhattan spuckt mich zunächst nach einer guten Stunde rasanter Fahrt vorbei an Freiheitsstatue, Brooklyn und Staten Island in Belford, New Jersey, wieder aus. Damit umgehe ich den Feierabendverkehr und die Suche nach für Radfahrer erlaubten Strecken durch den am Freitagnachmittag tatsächlich imposanten Großstadtdschungel. Die ruhige Beschaulichkeit der kleinen Hafenmole wirkt fast ein wenig surreal angesichts der so nahen Metropole. Ein paar Schnappschüsse, dann rollt es endlich los. New York – Los Angeles, auf möglichst vielen Umwegen und mit Zeit für Geschichten und Begegnungen.

Die zwei Wochen auf dem Schiff haben das bisschen Kondition, das ich mir auf den ersten 650 Kilometern von Hanau nach Bremerhaven angeradelt hatte, längst wieder zunichtegemacht. Also werden die ersten Etappen vermutlich kürzer ausfallen, bis ich hoffentlich wieder in Form komme. Vor der Abreise habe ich zwar versucht, in Bewegung zu bleiben und mit Krafttraining die besonders anfälligen Knie, Schultern und den Nacken zu stärken, aber wie schon bei der Umrundung setze ich auch bei dieser Reise auf den Gewöhnungseffekt, der sich hoffentlich rechtzeitig für die Appalachen, die große Bergkette im Osten, einstellen wird. Und schließlich soll die Tour ja kein Rennen gegen die Zeit werden. Meine Rechnung ist simpel, schaffe ich rein rechnerisch jeden Tag 100 Kilometer, bleibt in jedem Fall ausreichend Puffer für Pausentage, und ich erreiche den Westen, bevor der Winter hereinbricht. Zähe Etappen mit Gegenwind oder über steile Pässe, bei denen ich vielleicht nur 50 Kilometer zurücklege, könnten Flachstrecken mit 150 und mehr Tageskilometern wieder ausgleichen. Routine wird sich auch beim Packen einstellen. Auf dem Frachter habe ich fast zehn Kilo Ausrüstung aussortiert, die sich auf den ersten fünf Tagen nach Bremerhaven als überflüssig erwiesen haben. Im Gepäck verbleiben jetzt, verteilt auf vier wasserdichte Radtaschen und zwei Packsäcke, Zelt, Isomatte, Schlafsack, Kleidung, Kulturbeutel, Tagebuch und Computer fürs regelmäßige Bloggen. Die Kamera verwahre ich mit Handy und Geldbeutel in der abnehmbaren Lenkertasche. Wechseloptiken, Speicherkarten und Ladegerät mit Ersatzakku und ein Zweitgehäuse stecken ebenfalls in den Packtaschen. Zum Reparaturset gehören ein Multifunktionstool, Ersatzschlauch, Flickzeug, Kabelzug und ein paar Speichen, für alle Fälle. Damit wird das Gesamtgewicht am Rad mit Proviant mitunter bei rund 50 Kilo liegen – bei der ersten Reise rund um Amerika sorgte das für reichlich Speichenbrüche. Nun aber haben wir mein Tourenrad im Vorfeld nicht nur mit einem passenden Stars-and-Stripes-Design versehen, sondern auch noch dickere Speichen in die Spezialfelgen eingezogen, in der Hoffnung, das werde die Pannenserie zumindest minimieren.

Ich bin tatsächlich unterwegs, durchs grüne New Jersey. Nach 50 Kilometern erreiche ich mein erstes Etappenziel, Cheesequake State Park. Ich campiere gerne auf öffentlichen Zeltplätzen. Moderate Preise, meistens eine Dusche und vor allem viel Platz. Anders als bei manchem privaten Campground, der eigentlich nicht viel mehr ist als ein asphaltierter Parkplatz mit parallelen Kleinstparzellen und Waschhaus. Ranger Matt, bei dem ich einchecke, schenkt mir die Übernachtung mit der fadenscheinigen Begründung, sie hätten den mir zugewiesenen Platz bereits vergeben, aber ich könne als »Wiedergutmachung« gerne nach nebenan umziehen. Da habe jemand abgesagt und schon bezahlt. Yeah, right. Auch sein Mückenspray überlässt er mir, gegen die ersten Plagegeister der Saison. Zum Dinner radle ich ein paar Meilen zurück in ein Pizzarestaurant und bestelle Cheesesticks zum Salatbüfett. Auf einen kleinen Campingkocher habe ich verzichtet, nachdem der bei der Amerikaumrundung auch bloß sieben oder acht Mal zum Einsatz kam, in ganzen sechs Monaten. Ich will mich lieber frisch in den Supermärkten entlang der Highways eindecken und nur so viel wie gerade nötig an zusätzlichem Proviant mitschleppen. Die regelmäßige Möglichkeit zum täglichen Einkaufen sollte entlang meiner Route weitgehend gewährleistet sein. Und auf einsamen Streckenabschnitten würde ich sicher mit ein paar Bagels, Jerky und Riegeln über die Runden kommen.

Das Rad sorgt weiter für nette Kontakte und willkommene Überraschungen. Als ich am nächsten Tag mit ratlosem Blick auf die Karte schaue, entdecken mich zwei Radlerinnen auf ihrer samstäglichen Ausfahrt durch die Nachbarschaft und geleiten mich wieder auf den rechten Pfad. Und als ich in einem Eisladen nach dem Weg frage, bekomme ich einen kostenlosen *frozen yogurt* zur Erfrischung, mit reichlich Toppings, die ich mir selbst nach Lust und Laune aus der bunt dekorierten Theke schaufeln darf. Und dabei heißt es ja von der Ostküste gemeinhin, hier seien die Menschen längst nicht so freundlich wie im Rest des Landes, ihr manchmal spröder Charme erinnere mehr an die Europäer. Ich jedenfalls deute diese erfreulichen Erfahrungen als gutes Omen für einen langen Sommer mit vielen weiteren unvergesslichen Begegnungen.

Leider nehmen die physischen Probleme zu. Mein Knie ist schon wieder geschwollen. Seit einer großen Operation vor ein paar Jahren reagiert es bei Anstrengung schnell mit einer Entzündung, obwohl Radfahren ja gemeinhin als äußerst knieschonend gilt und die Bewegung zur Stärkung der Muskulatur und Versorgung der Gelenke enorm wichtig ist. Bin gespannt, wie sich das im Verlauf der Reise noch entwickeln wird. Größere Sorgen aber macht mir gerade mein linkes Auge, das seit Tagen feuerrot entzündet ist und unerträglich juckt. Das kann nicht allein von meiner Pollenallergie kommen, überlege ich und will in Philadelphia untersuchen lassen.

Ich fahre durch die ersten Hügel, Vorboten der Appalachen. Immer wieder gerate ich in Regenschauer. Über den Delaware River erreiche ich New Hope und meinen dritten Bundesstaat: Pennsylvania. Statt in der netten Altstadt zu verweilen, will ich mir ein Zimmer in einem Motel außerhalb nehmen, in der Hoffnung, etwas Geld zu sparen. Ein Trugschluss. 135 Dollar zahle ich zähneknirschend im einzigen Etablissement außerhalb der Stadt. Inzwischen aber ist es dunkel geworden, es regnet noch immer. An der Eismaschine fülle ich einen kleinen Plastikeimer voll und kühle damit das lädierte Knie.

Die Weiterfahrt am nächsten Morgen bleibt mehr Kampf als Spaß. Ich starte im Nieselregen, der mich den ganzen Tag begleiten wird. Dabei ist es so mild, dass mir die Entscheidung für oder gegen die Regenkleidung schwerfällt. Mit bleibe ich zwar von außen trocken, schwitze aber, ohne werde ich sofort nass. Ich mühe mich durch die unerwartet anstrengenden Hügel um Philadelphia und überlege, das Zentrum selbst zu umgehen, entscheide mich dann aber doch für einen Besuch. Ehrlich gestanden nicht so sehr wegen der Rolle Philadelphias in der amerikanischen Geschichte, vor allem während des Unabhängigkeitskriegs gegen die Briten. Immerhin wurden hier die amerikanische

Unabhängigkeitserklärung verkündet und die Verfassung beschlossen. Ich will nach Philly, um dem bekanntesten Sohn der Stadt Tribut zu zollen – Rocky Balboa. Der ist zwar nicht echt, aber sein Trainingslauf über die Treppe zum Kunstmuseum ging in die Filmgeschichte ein und sorgte dort für den wahrscheinlich meistfotografierten Ausblick auf die Downtown. Im frühen Morgenlicht parke ich mein vollbeladenes Rad am Fuß der Treppe und trabe auf Rockys Spuren die Stufen empor. Eine Metalltafel am Boden erinnert an die Stelle, auf der er mit hochgerissenen Armen in der aufgehenden Sonne tänzelte. Auch ich reiße die Arme zur Siegespose in die Höhe, als ich oben ankomme, obwohl ich noch gar nichts geleistet habe und im Radoutfit wahrscheinlich noch alberner aussehe als ohnehin schon. Wenn sie wenigstens die »Rocky«-Musik laufen ließen... Also schleiche ich nach einem kurzen Moment des scheinbaren Triumphes die Treppe möglichst unauffällig wieder runter zum Rad und schiebe es zur tatsächlich vor einigen Jahren zu Ehren des Filmboxers aufgestellten überlebensgroßen Statue. Wundert mich, dass Rocky es meines Wissens noch nicht auf eine Häuserwand geschafft hat. Denn Philadelphia gilt in Amerika als Hauptstadt der *murals*, der riesigen Wandgemälde. Als ob die Stadt nicht schon genug Sehenswürdigkeiten hätte. Das Mural Arts Project entstand ursprünglich aus dem Wunsch heraus, die plötzlich und überall unkontrolliert aufgesprühten Graffitis in den Griff zu bekommen. Verschönern statt verschandeln. Die halb kriminellen Sprayer wurden legalisiert, unter Vertrag genommen und teilweise zu richtig angesehenen Künstlern. Um die 4000 murals sind mittlerweile so geschaffen worden und zeigen ganz unterschiedliche Stile, Themen und Persönlichkeiten. Mein Favorit ist das mehrstöckige Porträt von Julius Erving in einer unscheinbaren Gegend der Stadt, dessen Poster früher in meinem Jugendzimmer hing. Als Dr. J wurde er bei den Philadelphia 76ers in den 1970er- und 80er-Jahren zur Basketballlegende, anschließend machte er Karriere als Geschäftsmann und zeigt sich auf dem Wandgemälde entsprechend slick im Business-Outfit.

Philadelphia ist außerdem bekannt für das mittlerweile im ganzen Land gern verzehrte Philly Cheesesteak, das hier kreiert wurde. 1930 war das und reiner Zufall, wie mir Mike überschwänglich in breitestem East-Coast-Slang versicherte. Der junge Mann ist der Schichtleiter bei Pat's King of Steak in South Philadelphia. Der Laden hat rund um die Uhr geöffnet. Namensgeber und Gründer Pat Olivieri betrieb gemeinsam mit seinem Bruder Harry ursprünglich einen florierenden Hotdog-Stand. Eines Tages bestellte Harry beim Metzger ein paar fein geschnittene Scheiben Rindfleisch zum Lunch und schmiss sie zusammen mit ein paar Zwiebeln auf den Hotdog-Grill. Gerade als er in sein damit belegtes Brötchen beißen wollte, kam ein Taxifahrer vorbei. Der Stammkunde wollte nun statt des üblichen Hotdogs auch so ein Sandwich und meinte nach einem genussvollen Biss: »Vergiss die Würstchen, das hier solltest du verkaufen!« Das Philly Cheesesteak war geboren. Wobei der Cheese Whiz, die Käsesauce, erst später dazukam. So sagt es die Legende. Und auch, dass hier der Streit begann. Denn angeblich war es nicht Pat, der sein Brötchen als Erster mit Schmelzkäse veredelte, sondern Joe Vento, der Gründer von *Geno's*. Pikanterweise liegt sein Laden, der heute von seinem Sohn geführt wird, genau gegenüber von *Pat's* auf der anderen Straßenseite. Wenn das mal keine hollywoodreifen Vorzeichen für eine Schlacht der Cheesesteak-Giganten sind. Ring frei also, möge der Bessere gewinnen! Die Battle wird vor allem als Marketing-Gag geführt, von dem *Pat's* und *Geno's* gleichermaßen zu profitieren scheinen. Rocky hat übrigens beide Varianten probiert, im Film und im Privaten, wie Fotos an den Promiwänden der Läden belegen. Ich ebenfalls. Einen Sieger nach K. o. oder Punkten kann ich nicht küren, dazu sind beide Sandwiches einfach zu lecker.

Gut genährt zieht es mich jetzt endgültig raus aufs Land. Im Gepäck habe ich nun auch eine kleine Tube antibiotische Augensalbe, gegen das Ulkus auf meiner Bindehaut, das die reizende Dr. Jill diagnostiziert hat, bevor sie mich mütterlich umarmte und mir eine gute Reise wünschte. Die Regenfront der letzten Tage ist weitergezogen und wurde von schwüler Hitze abgelöst. Trotzdem schaffe ich meinen ersten Hunderter und damit auch die insgesamt ersten 1000 Kilometer der Tour, inklusive der in Deutschland geradelten. Auf dem Highway kommen mir vereinzelt Amish und Mennoniten in ihren schwarzen Pferdekutschen entgegen. Zur Mittagsrast pausiere ich bei einer Auktion auf dem Land, kaufe ein paar kalte Dosen Limo und beobachte das bunte Treiben auf der Auktionsbühne. Vor allem Geräte für die Landwirtschaft werden versteigert. In den Scheunen gibt es Stände mit selbst gebackenem Kuchen und Handarbeiten. Schade, dass weder Amish noch Mennoniten fotografiert werden möchten, wie aufgestellte Schilder ausdrücklich verkünden. Gerne würde ich mehr erfahren, auch über ihren Glauben, der sie ein einfaches Leben führen lässt wie schon ihre Vorfahren, die im 18. Jahrhundert aus der Schweiz nach Amerika auswanderten. Aber die Berge rufen. Ich passiere die Mason-Dixon-Line, eine historische Grenzlinie zwischen Pennsylvania und Maryland, die von 1763 bis 1767 von Charles Mason und Jeremiah Dixon vermessen wurde. Traditionell trennt sie die Nord- von den Südstaaten. Der erste brachiale Gewittersturm erwischt mich. Erneut finde ich keinen Platz zum Campieren für die Nacht und nehme mir stattdessen in Frederick ein diesmal deutlich billigeres Motelzimmer. Ich kann's kaum erwarten, in die Appalachen zu kommen und dort endlich wieder zelten zu können.

II. Appalachia und der wilde Osten

Durch Virginia nach Nashville

Die Appalachen sind ein Biest! Ein zugegebenermaßen atemberaubend schönes, sagenumwobenes Biest, aber auch ein hinterhältiges. Während die meisten Passstraßen in den Rocky Mountains sich, fast sanftmütig, graduell durch die Berge schlängeln und an besonders steilen Stellen wie selbstverständlich in bewährten Serpentinen verlaufen, gleichen die Highways hier im Osten einer rasanten Achterbahnfahrt. Wobei sich rasant bei Radfahrern erwartungsgemäß auf die Talfahrt beschränkt, nachdem man sich zuvor zermürbend und schneckengleich mit nicht viel mehr als Schrittgeschwindigkeit bergauf gequält hat. Und dabei kratzen die höchsten Gipfel hier gerade mal an der 2000-Meter-Marke, lächerlich im Vergleich zu den majestätischen 4000ern der Rockies. Aber Jammern hilft ja meist nur kurzfristig gegen den Frust, zumal ich mich ganz bewusst für eine Route durch die Appalachen entschieden habe. Leider bin ich zu früh dran. Denn ihre volle Magie entfalten die Appalachen erst im Herbst, wenn der Indian Summer die Hänge in berauschendes Gelb, Rot und Braun taucht. Aber auch ohne dieses spektakuläre Farbenspiel behalten die Berge ihre Faszination. Fast 2500 Kilometer erstrecken sie sich vom Südosten Kanadas bis runter nach Georgia. Die ersten Siedler haben sich hier niedergelassen, nachdem sie der Armut und Unterdrückung der Alten

Welt entflohen waren. Riesige Kohlevorkommen bescherten einen wirtschaftlichen Aufschwung, illegale Schwarzbrenner destillierten ihren *moonshine* in den unzugänglichen Hügeln, und die Wurzeln der amerikanischen Musik gehen zu einem großen Teil auf die hier lebenden Hillbillys mit ihren Fideln, Banjos und Mandolinen zurück. Mich aber ziehen die Appalachen vor allem wegen des legendärsten aller nordamerikanischen Wanderpfade in ihren Bann. Der Appalachian Trail, kurz AT, verläuft insgesamt stolze 3500 Kilometer durch das Bergmassiv, kreuzt 14 Staaten und scheint für viele *thru-hiker*, die die Gesamtstrecke in nur einer Saison bewältigen, eine ähnlich spirituelle Bedeutung zu haben wie der europäische Jakobsweg. Auch wenn das Ende des AT keine prunkvolle, weihrauchgeschwängerte Kathedrale, sondern ein karger Gipfel markiert. Pilgerherbergen? Fehlanzeige. Eine Reihe ziemlich rustikaler *shelters* gibt es. Die sind nicht mehr als zugige, in der Hochsaison oftmals überfüllte Schutzmöglichkeiten vom Charme schäbiger Bushaltestellen, in einem Abstand von 10 bis 15 Kilometern. Trotzdem sollen sich jedes Jahr knapp 2000 Wanderer der Herausforderung der Gesamtstrecke stellen, nur etwa ein Viertel wird es am Ende tatsächlich geschafft haben. Zu gerne würde auch ich es versuchen, aber mein hoffnungslos lädiertes Knie schwillt ja auf dem Rad schon ballonartig an. In Kombination mit der fehlenden Kondition und dem anspruchsvollen Höhenprofil schaffe ich in den drei Tagen durch den Shenandoah-Nationalpark insgesamt keine 200 Kilometer. Der Park ist zudem wegen des Memorial Day Weekend Ende Mai proppenvoll. Ich konkurriere auf den schmalen, seitenstreifenfreien Straßen mit Wohnmobilen, SUVs und Motorradfahrern aus den nahen Metropolen an der Ostküste, die den Feiertag für ein verlängertes Wochenende nutzen. Am Südende des Parks verlasse ich schließlich die Passstraße und brettere über 500 Höhenmeter runter ins Tal nach Waynesboro in Virginia, wo ich unerwartete Bekanntschaft mit einem besonderen Bergbewohner mache.

»Ich bin glücklich, ja, sehr glücklich, auch wenn viele das vielleicht nicht nachvollziehen können.« Bill schmunzelt. »Keine Knochenbrüche, keine Operationen oder ernsthaften Krankheiten, nicht schlecht für 61!« Recht hat er, auch mit der Vermutung, dass die meisten sein Schicksal wahrscheinlich nicht so positiv einschätzen würden wie er. Ich treffe Bill am Morgen vor meinem Motel am Fuß der Berge, als ich gerade das Rad belade und weiterfahren will. Wir kommen ins Gespräch, reden erst über meine Reise und dann über ihn. Ganz in der Nähe lebt er, am Afton Mountain, erfahre ich und stelle mir eine nette Blockhütte mit allen Annehmlichkeiten vor, auf die man in Amerika nur ungern verzichtet. Als er mich einlädt und ich ihm folge, wird mir jedoch klar, dass seine Bleibe weder über Klimaanlage noch Monsterkühlschrank oder Satellitenfernsehen

"Just count on yourself,
and you'll always make it." Wild Bill, Afton Mountain, VA

verfügt. Bill haust in einem Billigzelt von Walmart, mitten im Wald. Penner würde man ihn vermutlich bei uns nennen, oder Obdachloser, was nicht wirklich würdevoller klingt. Dabei ist er frisch rasiert und wirkt auffallend gepflegt. Wenn ich auf meinen Reisen manchmal wochenlang in der Wildnis unterwegs bin und auf fließendes Wasser verzichten muss, sehe ich jedenfalls anders aus. Aber Bill läuft jeden zweiten Tag eine halbe Stunde zum Motel runter und darf dann das Bad in einem der Zimmer nutzen, nachdem die Gäste abgereist sind.

»Ich habe Bäume gestutzt und als Holzfäller gearbeitet, als Bulldozerfahrer«, erzählt er, als wir auf zwei Klappstühlen an seiner Feuerstelle neben dem Zelt sitzen. Wegen gesundheitlicher Probleme musste er vor vier Jahren seinen Job aufgeben, konnte irgendwann das Geld für die Miete nicht mehr aufbringen. Im letzten Sommer zog Bill dann in die Wälder und schlägt sich seitdem mit *food stamps* und ein bisschen Sozialhilfe durch. Die Essensmarken kann er im Supermarkt gegen Lebensmittel tauschen. »Das reicht so für 20 Tage.« Meistens trampt er nach der Moteldusche weiter in den Ort und mit den Einkäufen wieder zurück. »Ich kaufe Sachen für Sandwiches oder Dosen und Suppen, die ich einfach nur auf dem Feuer erhitzen brauche. Ist wie Camping. Ich könnte sogar hier duschen. Muss nur meinen Wassercontainer füllen, in die Sonne stellen und warten, bis das Wasser warm ist. Die zwei Gallonen reichen locker.« Das sind knapp acht Liter, so viel wie eine durchschnittliche WC-Spülung. Bill braucht nicht viel, und hungern musste er bislang auch nicht. »Nein, keinen einzigen Tag. Ich könnte ja sonst Schlangen fangen, die sollen sehr lecker sein, habe ich gehört...« Bill lacht heiser. Wobei Schlangen hier draußen ein großes Thema und nicht zu unterschätzen sind. »Sie sind überall, Klapperschlangen. Ich habe immer ein Beil bei mir und diesen Stock. Außerdem arbeite ich gerade an einem *snake stick*, da muss ich vorne eine kleine Kerbe reinschnitzen. Damit kann ich sie mir vom Leib halten, auf den Boden drücken und, wenn nötig, töten.« Bill selbst hat kürzlich eine Schlange verschont, weil diese ihn auch in Ruhe gelassen hat, obwohl sie hätte beißen können. »Das war ein *timber rattler*, eine Waldklapperschlange. An der bin ich vorbeigelaufen, ohne es erst zu merken. Die hätte mich ganz leicht erwischen können, ich war bloß 10, 15 Zentimeter entfernt. Als ich sie dann entdeckte, habe ich zu ihr gesagt: ›Du hast mich nicht gebissen, also lasse ich dich auch in Ruhe.‹ Da hatte ich verdammtes Glück, Gott hat auf mich aufgepasst, und mein Schutzengel hatte allerhand zu tun an dem Tag.«

Schlangen sind nicht die einzige Gefahr. In den dichten Wäldern tummeln sich auch jede Menge Schwarzbären. »Vor zwei Wochen saß ich hier und habe zwei kleine Hunde entdeckt. Ich dachte zumindest, es wären Hunde, einer zimtfarben und einer schwarz. Und dann dämmerte es mir, dass das Bärenjunge waren, die dann schnell zu ihrer Mutter zurück sind. Aber eines Morgens, als ich aufwachte, saß eines der Jungen hier am Feuer. Das habe ich dann verjagt und seitdem nicht mehr gesehen.« Die meisten tragischen Unfälle mit Bären und Menschen passieren in genau dieser Konstellation. Eine Mutter fühlt sich von einem Menschen bedroht und will die Jungen schützen. Dass es sich dabei um ein Missverständnis handelt, lässt sich im Eifer des Gefechts nur schwer vermitteln, mit manchmal tödlichem Ausgang. Erst für den Menschen und dann auch für den

Bären, der als aggressiv eingeschätzt und erschossen wird. Bill scheint sein Leben im Wald trotzdem zu genießen. »Die Leute denken, Camping ist hart, aber das ist es nicht mit dem ganzen Zeug, dass es heute gibt. Ich habe ein Bett aus Schaumstoff da drin, eine 15 Zentimeter dicke Matratze, einen Schlafsack, DVD-Player, jede Menge Kleidung. Und wenn ich mal auf die Toilette muss, gehe ich einfach da rüber. Und zwar immer genau dorthin, aus einem bestimmten Grund. Die Oldtimer haben schon gewusst: Wenn du deine Geschäfte zwischen deinem Zelt und einer Schlangenhöhle machst, kommen die Schlangen niemals zu dir.« Und tatsächlich soll hinter Bills Outdoor-Toilette eine solche Höhle liegen, wo er schon zwei Meter lange Klapperschlangen entdeckt hat. Hoffentlich verläuft er sich nachts nicht mal.

Gelegentlich zieht Bill auch mit seinem Camp um. »Ja, wenn ich das ganze Feuerholz aufgebraucht habe und mir langweilig wird, packe ich meine Sachen.« Zu seinen wenigen Habseligkeiten zählt der schon angesprochene batteriebetriebene DVD-Spieler, auf dem er hin und wieder Actionfilme anschaut – am liebsten Stallone, Schwarzenegger oder Western.

»Mein Lieblingsfilm ist ›Lonesome Dove‹ mit Robert Duvall und Tommy Lee Jones. Die spielen zwei Typen aus dem alten Westen, die von Südtexas bis nach Montana gezogen sind. Dauert insgesamt fast zehn Stunden.« Ende der 80er-

Jahre war der Vierteiler eine der erfolgreichsten TV-Produktionen Amerikas und hat das damals schon totgesagte Westerngenre wiederbelebt. Seine Vorliebe für den Wilden Westen zeigt sich auch an Bills stolzer Hutsammlung.

»Hier habe ich nur zwei, aber eingelagert sind es vier bis fünf Dutzend, muss ein Vermögen für die Stetson ausgegeben haben.« Der Name Stetson ist untrennbar mit dem Mythos des Wilden Westens verbunden. John B. Stetson, ein Hutmacher aus New Jersey, fing 1865 an, seine legendären Hüte zu fertigen. Bald trug sie jeder, der was auf sich hielt. Vor allem wegen des genauso legendären Tragekomforts.

»Die passen wie ein Baseball-Cap und sind unglaublich bequem. Und sie behalten die Form. Wenn's kein Stetson ist, ist's kein Hut!« Klar, dass Bills Spitzname »Wild Bill« dann auch nicht von ungefähr kommt. »Meine Mutter sagte, das Erste, was ich als kleiner Junge wollte, war eine Kuh. Also hat mir mein Dad eine besorgt, und dann ein Pony und ein Gewehr. Damit bin ich draußen ständig rumgelaufen. Also haben sie mich ›Wild Bill‹ genannt, nach Revolverheld Wild Bill Hickok.« Und genauso wie der kam auch Bill vor vielen Jahren mit dem Gesetz in Konflikt. »Ich war ziemlich wild, hab getrunken, bin mit einer Biker-Gang rumgezogen, gleich nach der Army. Aber ich war selbst nie Mitglied der Gang, weil ich mich nicht tätowieren lassen wollte. Ich hab zu denen immer gesagt: ›Wenn Jesus gewollt hätte, dass ich ein Tattoo trage, hätte er mir bei meiner Geburt gleich eins auf den Arsch gemacht!‹« Auch mit den kriminellen Machenschaften der Gang wollte Bill nichts am Hut haben, er saß dann aber trotzdem eine Zeit lang im Gefängnis. »Mit ein paar Jungs habe ich einige Bulldozer geklaut, schweres Gerät. Zwei Jahre saß ich, hab für meine Fehler bezahlt.«

Bill wirkt zufrieden, keine Spur von Bitterkeit und schon gar nicht Trübsal. Einsam fühlt er sich nie. »Nein. Ich mag meine Gesellschaft lieber als die von irgendjemandem sonst. Viele können nicht allein sein. Für mich war das nie ein Problem. Ich kann ja das Radio einschalten.«

Die Liebe zur Natur und den Wäldern hat Bill vom Urgroßvater, sagt er. Der hat ihm auch gezeigt, wie man Ginseng findet und ausgräbt. Die Wurzeln verkauft er jetzt hin und wieder und verdient sich so ein bisschen was dazu. Vom Urgroßvater kam einst auch die wichtigste Lektion. »Verlass dich nur auf dich selbst, und du wirst es immer packen!« Bills Mantra. Sonst setzt er auf die Bibel als einziges Buch und ein Handy, mit dem er Kontakt zu seinem Sohn in Afghanistan hält, der dort als Soldat stationiert ist. Voller Stolz zeigt Bill mir noch seine auf Hochglanz polierten Biker-Boots, mit denen er Großes vorhat und sie deshalb nur ganz selten trägt. Im Moment wartet Bill nämlich auf seine Rente. Wenn die durch ist, will er sich von dem Geld eine Harley kaufen, seine Stiefel anziehen und damit einmal quer durch Amerika fahren. Sehnsucht Straße, unwiderstehlich, nicht nur für mich ...

Inzwischen bin ich nicht mehr allein unterwegs, Claudia ist zu mir gestoßen. Wir arbeiten seit Jahren zusammen. Wenn's nicht so bescheuert klingen würden, wäre sie der Freund zum Pferdestehlen. Aber die Zeiten, in denen das nötig war, sind ja zum Glück längst vorbei, und ich sitze schließlich auf einem ebenso abgedroschen klingenden Drahtesel, oder treffender natürlich: Stahlross. Genug der überflüssigen Allegorien. Bis Nashville wird Claudia fotografieren, um mein Vorankommen auf dem Rad in Bildern zu dokumentieren. Als Begleitfahrzeug dient mein 40 Jahre alter Ford-Truck »Loretta«, mit dem Claudia schließlich weiter bis nach Los Angeles vorfahren wird. Gelegentlich lächle ich ja großmütig über die Profiradler, die auf ihren federleichten Rennmaschinen Rekorde jagen, keinerlei Gepäck mit sich führen und rund um die Uhr vom Serviceteam mit Snacks, Drinks oder Wechselkleidung versorgt werden. An die eiskalte Cola, die Claudia mir nun regelmäßig aus der Kühlbox in »Loretta« reicht, gewöhne ich mich jedoch so schnell, dass ich den verlockenden Gedanken in der schwülen Hitze fortan kaum mehr verdrängen kann. Abkühlung verschafft sonst nur ein kurzer *pit stop* in einem der jetzt wieder zahlreicher am Straßenrand auftauchenden Fast-Food-Restaurants. Für durstige Kehlen gibt es nichts Befriedigenderes als die in Amerika omnipräsente *soda fountains*. Die mitunter futuristisch anmutenden Getränkeautomaten zählen für jeden Radler zweifellos zu den größten Errungenschaften der modernen Gastronomieelektronik. Einmal Becher kaufen und dann: »All you can drink«. Drei bis vier Liter zapfe ich jedes Mal. Limo, Eistee, Wasser, Sportdrinks. Und zwar nicht zum Mitnehmen, das würde ja gegen die Spielregeln verstoßen, sondern zum sofortigen Auffüllen der leeren Flüssigkeitstanks im Körper. Kamel müsste man sein. Hin und wieder ordere ich auch ein paar salzige Pommes, zum Ausgleich des Mineralhaushalts. Und wenn das Fast-Food-Restaurant mit der *soda fountain* zufällig ein DQ, ein Dairy Queen ist, gibt's obendrauf noch einen Blizzard. Diese Softeiskreation ist nahrhafter und ausgewogener als jeder Sportlerriegel, vom Geschmack ganz zu schweigen. Und so funktioniert's: Größe bestimmen – *medium* reicht oftmals, aber nach einer anstrengenden Etappe darf's gern auch mal ein großer sein. Und dann dem DQ-Mitarbeiter hinterm Tresen verkünden, welche Zutaten er oder sie in den Becher mischen soll. Mein Favorit: *cookie dough*, also roher Plätzchenteig in tiefgefrorenen Kügelchen, Pekannüsse, Schokosoße und ordentlich Butterkaramell drüber. Sind alle Zutaten in ausreichender Menge aufs Vanilleeis geschaufelt, werden sie mit der Eismasse vermischt. Wichtig dabei: Teigkügelchen und Nüsse dürfen in der dafür konzipierten Spezialmaschine nicht geschreddert werden.

Vielmehr sollten sie behutsam untergemengt werden. Um die perfekte Konsistenz zu demonstrieren, wird das fertige Produkt vom Mitarbeiter vor den erwartungsvollen Augen des Kunden noch einmal kurz in der Luft gestürzt. Rutscht der Inhalt dabei aus dem Becher, ist der Qualitätstest also nicht bestanden, muss der Mitarbeiter erst aufwischen und gleich noch mal ran. Spätestens dann sollte er den Dreh raushaben und überreicht mit stolzgeschwellter Brust je nach Bechergröße 1000 bis 1500 konzentrierte Kalorien aus Fett, Zucker und Eiweiß. Wohl bekomm's! Wie schade, dass die Prävalenz der DQ-Franchise-Filialen abnehmen wird, je weiter ich nach Westen komme. Andere kulinarische Highlights sind die vielen Buffet-Restaurants mit dem beliebten »All you can eat«-Konzept. In Waynesboro entscheiden wir uns für Dinner bei einem Asiaten mit diesem verlockenden Angebot. An einem großen runden Tisch in einer Ecke des schummrigen Lokals erkennen wir AT-Hiker, die sich nach Tagen schnöder Tütensuppen auf dem Trail jetzt ganz der Völlerei hingeben. Auf ihren Tellern türmen sich Berge von *fried chicken*, *roasted duck* und *battered shrimps* mit süßsaurer Soße, die den unter den frittierten Proteinmassen begrabenen Reis ertränkt. Aber wie krass der Verstand nach Phasen des Verzichts auf Maßlosigkeit umschalten kann, weiß ich nur zu gut. Die Amerikaner fassen das sehr trefflich mit dem Schlachtruf »I'm gonna hurt myself!« zusammen – essen, bis der Arzt kommt.

"We are only here for one reason: to help each other out!" Mark Cline, Natural Bridge, VA

Manchmal scoutet Claudia im Truck jetzt die Route. Auf Highway 11, der sich parallel zum Interstate zwischen den Bergkämmen der Appalachen durch Virginia zieht, stößt sie in Natural Bridge zufällig auf einen Mann, dessen Arbeiten die Landschaft in der ganzen Gegend prägen. Urzeitliche Dinosaurier, gigantische Monsterfratzen oder skurrile Werbefiguren, Mark Cline schafft aus Schaumstoff und Glasfaser alles, was auffallen und Kunden anlocken soll. »Ihr kommt gerade rechtzeitig!«, ruft er uns zu, als wir in die Einfahrt zu seinem Grundstück biegen, und widmet sich sofort wieder seiner neuesten Schöpfung, einem gut vier Meter hohen *Muffler Man*. Diese ikonengleichen Werbefiguren markierten an den Rändern der Highways jahrzehntelang Autowerkstätten, Restaurants und Attraktionen. »Verschiedene Künstler haben sie immer mal wieder ein bisschen modifiziert, unterschiedliche Größen gefertigt«, erklärt Mark. »Der hier aber kommt noch aus einer Originalform.« Ursprünglich wurden sämtliche *Muffler Men* von einer Firma in Kalifornien gefertigt. Den Durchbruch schafften sie als gigantische Paul-Bunyan-Figuren. Bunyan ist ein mythenhafter Riese mit übermenschlichen Kräften, um den sich seit mehr als 100 Jahren unzählige Geschichten ranken. Fünf ausgewachsene, kräftige Störche soll es gebraucht haben, um Baby Paul seinen Eltern zu bringen. Er wuchs schnell zu einem furchtlosen Holzfäller heran, der mit einem Hieb seiner Axt den Grand Canyon schuf, während Babe, der blaue Ochse, der ihn meistens begleitete, mit seinen gigantischen Hufen die Seenlandschaft von Minnesota in die Wälder stampfte. Durch eine Werbekampagne für die Red River Lumber Company, die Illustrationen von Paul Bunyan anfertigen ließ, wurde die Figur zu einer amerikanischen Ikone, die sie bis heute geblieben ist. Da war die Karriere als *Muffler Man* quasi vorgezeichnet. Aber genug mit dem Ausflug in die amerikanische Folklore. Mit der Ölkrise in den 70er-Jahren wurde die Herstellung der *Muff-*

ler *Men* nicht mehr rentabel, die Fabrik in Kalifornien musste geschlossen werden. Mark Cline hat die *Muffler Men* vor dem Aussterben gerettet und fertigt die riesigen Skulpturen nun für Auftraggeber aus dem ganzen Land. Seine Formen zum Modellieren stellte er aus Abdrücken einer Originalfigur her. *Muffler Men* können heute zu Cowboys, Feuerwehrmännern oder Holzfällern werden, sie verbindet der stets gleiche Gesichtsausdruck und die gleiche klobig ausgestreckte Armhaltung. Auf gewisse Weise wirken sie deshalb alle verwandt, wie Brüder mit verschiedenen Berufen quasi. Gemeinsam mit seinem Mitarbeiter Patrick richtet Mark den neuen *Muffler Man* jetzt zum ersten Mal auf. Arme und Hände sollen montiert werden. Dann fehlt nur noch die Farbe, und anschließend geht es zum Kunden nach New Mexico. »Keiner arbeitet so schnell und gut wie ich!«, verkündet Mark selbstbewusst, aber nicht protzig. Der Stolz des Selfmademan spricht aus seinen Worten. »Themenpark-Bildhauer« könnte man seinen Beruf vielleicht übersetzen, auch wenn diese Bezeichnung wahrscheinlich in keinem Branchenverzeichnis zu finden ist. Das Spektrum seiner Talente und Kreationen wäre damit ohnehin nur unzureichend umrissen. Mark arbeitet als Zauberer und Entertainer, führt *ghost tours* und erzählt den mitlaufenden Touristen dann in altertümlichem Gewand Gespenstergeschichten.

Alles hat Mark sich selbst beigebracht, in der Nähe ein

Museum mit schaurigen Figuren eröffnet. Das aber fiel vor ein paar Jahren einem nie aufgeklärten Brandanschlag zum Opfer. Religionsfanatiker wollten seinem »Monsterkult« ein Ende bereiten, weil er dem Bösen diene, rechtfertigte ein Bekennerschreiben den Anschlag. Foamhenge hingegen haben die Extremisten in Ruhe gelassen. Die originalund maßstabsgetreue Nachbildung der Steinquader von Stonehenge ist Marks selbst ernanntes Meisterwerk, das ihn weit über die Grenzen Virginias hinaus bekannt gemacht hat. Jahrelang zierte die Formation eine Hügelkuppe in der Nähe. Als das Gelände kürzlich zu einem öffentlichen Park wurde, musste Mark die Installation entfernen und hat sie inzwischen an einen privaten Investor verkauft. Unermüdlich arbeitet Mark an neuen Ideen und skurrilen Visionen. Seine neueste Schöpfung steht ein paar Hundert Meter die Straße runter und wurde erst kürzlich eröffnet. In seinem Dinosaur Kingdom erzählt Mark die Geschichte des amerikanischen Bürgerkriegs mal anders. Furcht einflößende Dinosaurier aus Pappmaschee, Schaumstoff und Glasfaser jagen lebensgroße Soldatenfiguren. Disney meets Jurassic Park. Wie jeder herausragende Künstler kokettiert er ein wenig mit seinem Talent. Sonst aber gibt Mark sich bescheiden und versöhnlich. Wir seien nur aus einem Grund hier auf der Welt: um einander zu helfen. »Wir alle haben die Fähigkeit dazu. Ich tue das mit meinen Skulpturen. Wenn die Menschen sie sich anschauen, freuen sie sich, sie lächeln. Das Lächeln wird zu einem Lachen. Und Lachen ist ja bekanntlich die beste Medizin.« Als Heiler sieht er sich deshalb, ohne auch nur den Funken einer esoterischen Anmutung.

»Ich will den Menschen einfach eine Freude machen und sie inspirieren!« Bei mir hat das prima geklappt.

Auf der Weiterfahrt am Abend holt mich Wes auf seinem Rennrad ein. Wir fahren eine Weile parallel auf dem Highway und plaudern. Am Ende bietet er mir eine Übernachtung an. Ich verständige Claudia übers Handy. Wes lebt mit Frau und Kind in einem gut 100 Jahre alten Haus auf dem Land, wärmt Pasta für uns auf und zeigt uns die umgebaute Scheune mit Gästeklo. Unser Nachtlager beziehen wir davor in »Lorettas« Camperkabine. Leider ist auf den letzten Metern ihr Keilriemen gerissen. Den müssen wir morgen früh erst mal richten lassen, bevor es weitergehen kann.

Zwei Wochen nach dem Start in New York erreiche ich Tennessee, den Volunteer State. In Deutschland verpassen sich die Bundesländer ja seit einiger Zeit lustige Slogans, wie »Sachsen Anhalt. Wir stehen stehen früher auf«, »Rheinland-Pfalz. Wir machen's einfach« und das unerreichte »Wir können alles. Außer Hochdeutsch«, mit dem Baden-Württemberg für sich wirbt. Amerika war natürlich auch in dieser Angelegenheit Vorreiter. Hier schmücken sich die

Bundesstaaten mit nicht minder kreativen Spitznamen. Alabama ist der Pfirsich-Staat, New Mexico das Land der Verzauberung und Tennessee eben der Freiwilligen-Staat, wegen der vielen Freiwilligen, die sich einst für den Kampf gegen die Briten gemeldet hatten. Ich will nicht pathetisch klingen, aber als ich bei Bristol das Willkommensschild passiere, fühlt es sich ein bisschen wie Nach-Hause-Kommen an. Wegen der Hügellandschaft, die mich ans heimatliche Waldhessen erinnert, vor allem aber, weil ich seit Jahren immer wieder hierher zurückkehre. Whiskey und Musik sind die beiden Exportschlager, und gerade Letztere macht Tennessee für mich so reizvoll. Die Metropolen Memphis und Nashville gelten unumstritten als die kreativen Brutstätten von Country, Blues und Rock'n'Roll. Wenn ich mich spute, schaffe ich es hoffentlich noch rechtzeitig zu einem spektakulären Festival nach Nashville.

Das Wetter aber strapaziert die Nerven und meine Regenkleidung jetzt aufs Äußerste. Bislang sind es meist Schauer gewesen, und die Herausforderung bestand in der Abwägung, ob sich Regenjacke und -hose überhaupt lohnen. Einen wirklichen Unterschied macht es weiterhin kaum, ich werde entweder von oben nass oder von innen. Denn selbst mit dem Regen bleibt es schweißtreibend warm, trotz Klimamembran. Bis Knoxville strample ich einen vollen Tag durch sintflutartige Gewittergüsse. Erst gegen Abend lockern die Wolken etwas auf, und am nächsten Tag ist der Spuk schon wieder vorbei. Um Strecke zu machen, entscheide ich mich in Rockwood, die Etappe in die Dunkelheit der Nacht zu verlängern, und will im einzigen Supermarkt des kleinen Städtchens noch mal den Proviant aufstocken. Ich giere nach Salz, Folge des unablässigen Schwitzens, und greife mangels Auswahl zu Kartoffelsalat und geräuchertem Truthahnaufschnitt. Meist nehme ich Helm und Radbrille für den kurzen Einkauf nicht ab, auch wenn das martialisch anmutende Marsmännchen-Outfit bei manchem Einheimischen einen zumindest verstörenden Eindruck hinterlassen mag. Nicht so bei zwei Rentnern vor der Frischfleischtheke. Erst begutachten sie mich eine Weile aus dem Augenwinkel, und als ich gerade an einem meterhoch arrangierten Quader aus Küchenrollen im Sonderangebot vorbeistolziere, nimmt das Gespräch seinen Lauf. Nach dem üblichen Wer-Woher-Wohin erzählen sie mir von ihrer ruhmreichen Vergangenheit als Musiker, Songschreiber und Produzenten in Nashville. Jetzt aber lebe es sich hier in *small-town America* deutlich entspannter. Wir tauschen Kontakte aus, dann geht es für mich weiter nach Westen durch die inzwischen stockfinstere Nacht. Ich will es heute unbedingt noch bis Crossville schaffen. Schon vor der Reise stand für mich der kleine Ort keine zwei Autostunden oder eine ganz schön lange Radetappe östlich von Nashville als Zwischenstopp fest.

"I prayed for everything but a treehouse!"

Horace Burgess, Crossville, TN

In einem Buch über außergewöhnliche Baumhäuser in aller Welt hatte ich zum ersten Mal von Crossville gelesen und erfahren, dass hier das vermeintlich größte Baumhaus der Welt stehen soll, eine zehnstöckige Kathedrale, erbaut aus Holzresten, von einem Mann, der einer Eingebung folgte. Im Internet recherchiere ich eine Telefonnummer und habe gleich beim ersten Versuch Glück. Wir verabreden uns direkt bei der Kathedrale. Horace Burgess ist ein attraktiver Mann. Mit silbergrauem Haar, perfekt getrimmtem *goatee* und stahlblauen Augen erinnert er ein wenig an Schauspieler James Brolin. Verheiratet, drei Kinder, fünf Enkel, erzählt er mir in weichem *southern drawl* zu Beginn unseres Gesprächs, das wir in einer Kirchenbank auf der Hauptetage des Baumhauses führen. »Ich komme aus einem christlichen Haus, bin in den Wäldern aufgewachsen. Meine Mutter hat erst für uns gekocht und mich und meine Geschwister dann nach draußen geschickt. Ich hab schon immer gern gearbeitet, alles mögliche, war ein *jack of all trades*.« Horace Burgess schlug sich mit Gelegenheitsjobs durch, arbeitete als Bauarbeiter, Fischer, Landschaftsgärtner und männlicher Stripper. Dann ging er als Soldat nach Vietnam und kam orientierungslos zurück. »20 Jahre lang habe ich irgendwie mein Ding gemacht, geheiratet, mich scheiden lassen, wieder geheiratet. Und meine neue Frau und ich haben uns dann entschlossen, dem Herrn zu dienen.« In der deutschen Übersetzung klingen solche Worte ja ziemlich abstrakt und merkwürdig. Horace aber wirkt gar nicht wie ein verklärter oder gar fanatischer Evangelikaler. Wenn er vom Ruf Gottes spricht, der ihm sagte: »Wenn du mir ein Baumhaus baust, sorge ich dafür, dass dir niemals das Material ausgeht!«, entspricht das der glaubwürdigen Schilderung eines Mannes, der mit beiden Beinen in der Realität steht, sei die Geschichte noch so außergewöhnlich. Horace sträubte sich anfangs gegen das Projekt.

»1993 habe ich angefangen, da war ich 43. Ich lag auf meinem Bett und hatte eine Vision. Ich konnte das Baumhaus genau vor mir sehen. Mit Kunst an der Wand, einem Fahrstuhl, Heizungssystem. Ich hab alles genau gesehen.« Das Material kam zwar nicht ganz von selbst, aber weitgehend kostenlos. »Ich hab Holz vom Sägewerk bekommen, für das sie keine Verwendung hatten. Ich habe sieben oder acht alte Scheunen abgerissen, die Nägel aus den Brettern gezogen und alles wiederverwertet.« Der Grundriss des Hauptraums, in dem sogar ein Basketballkorb zum Zocken hängt, ist dem Club entnommen, in dem Horace früher als Stripper arbeitete. Er wollte eine Art Tanzfläche schaffen, mit Rückzugsmöglichkeiten, eine Oase und Begegnungsstätte für Menschen, die Gott kennenlernen möchten. Elf Jahre dauerten die Arbeiten, dann konnte Horace endlich das Dach montieren. »Meine Frau fühlte sich schon ein bisschen wie Noahs Frau. Der hat zwar 100 Jahre gebraucht, aber meine Frau nannte das Baumhaus schon meine ›Geliebte‹.« Weil er so viel Zeit investiert hat, anstatt sie mit ihr zu verbringen. Um die Wogen zu glätten und sie für sein Projekt zu begeistern, baute Horace seiner Frau ein Penthouse im achten Stockwerk.

»Das schenkte ich ihr an unserem elften Hochzeitstag. Jetzt ist sie ein Teil vom Baumhaus und besitzt das einzige Penthouse im gesamten County.« Die Konstruktion ist genauso abenteuerlich, wie Horace sie sich vorstellte. Verschiedene Räume verteilen sich auf die unterschiedlichen Etagen, die über diverse Treppen verbunden sind. Kein

Raum gleicht dem anderen, es gibt kleine, große, verwinkelte, mehrstöckige, manche haben ein Fenster, andere bleiben duster. Vor Kurzem haben Studenten die Fläche vermessen und kamen auf 15 500 *square feet*, das entspricht fast 1500 Quadratmetern. Und wenn wir schon bei Zahlen sind, Horace hat rund 260 000 Nägel verhämmert. Neben dem Hauptbaum, einer alten Weißeiche, sind noch sechs andere Bäume integriert, um die Last zu tragen. Der Hauptkomplex ist an der höchsten Stelle 30 Meter hoch. Hilfe beim Bau kam von Nachbarn, Freunden und Footballspielern, die ihre Trainingseinheiten hierherverlegten. Aber das eigentlichen Bauen, konnte nur Horace selbst übernehmen. »Ich war ja der Einzige, der genau wusste, wie es aussehen sollte.« Außerdem wollte er keine Verantwortung für die anderen übernehmen. Sicherheit ist ein heikles Thema, offenbar auch für den örtlichen *fire marshal*, den zuständigen Brandinspektor. Der hat das Baumhaus nämlich inzwischen offiziell dichtgemacht. »Weil die Struktur nicht sicher genug sei«, empört sich Horace und glaubt, das sei nur ein Vorwand, um sich vor der Instandhaltung des Zufahrtswegs zum Baumhaus zu drücken. Je mehr Besucher ihn nutzen, desto schlechter wird sein Zustand. »Wir hatten hier schon 3700 Besucher zur gleichen Zeit. 22 Jahre lang ist nichts passiert. Wahrscheinlich, weil Gott aufgepasst hat.« Aber das reicht den Behörden nicht, Horace müsste den irdischen Weg gehen, die Sicherheitsmängel beseitigen und eine Versicherung abschließen. Dazu ist er bislang nicht bereit und wartet auf eine erneute Ansage von Gott. »Wir haben hier 26 Pärchen getraut, der Ort war ein Treffpunkt. Jeden Sonntag haben wir uns hier versammelt, um ein Uhr, nach der Kirche, und ich habe zu den Menschen gesprochen. Mein Leben lang habe ich mich als Instrument Gottes verstanden. Noch hat er mir nicht gesagt, was ich jetzt tun soll.« Vandalen haben seit der offiziellen Schließung ziemlich gewütet, Fenster sind eingeschlagen. Und trotzdem wirkt sein monumentales Bauwerk noch immer wie eine Trutzburg und ist ein Paradebeispiel für den Mut, nicht nur visionär zu träumen, sondern sich auch zu trauen, seinen Träumen zu folgen.

III. Country und Cash

Von Nashville nach Missouri

Nashville hat viele Spitznamen. Athens of the South, das Athen des Südens, wegen der vielen hochkarätigen Bildungseinrichtungen und Universitäten und der maßstabsgetreuen Nachbildung des griechischen Parthenon. The Buckle of the Bible Belt, die Schnalle des Bibelgürtels, der sich durch den gesamten Süden zieht und dessen Zentrum mit Blick auf die über 700 Kirchen, die sich auf die Stadt verteilen sollen, mit Fug und Recht hier verortet werden kann. Aber der geläufigste Spitzname ist natürlich Music City, USA. Alles dreht sich in Nashville um die Musik, nicht nur, aber besonders um Country. Hier sitzen die Labels und die Verlage, hier leben die Songwriter und Stars, und hier arbeiten die besten Produzenten und Musiker. Gut 50 000 Jobs hat die milliardenschwere Musikindustrie geschaffen. Das klingt beachtlich, wird aber schnell zwergenhaft relativiert, wenn man sich die Zahlen der Gesundheitsindustrie in und um Nashville ansieht. Sie ist der eigentliche Motor der boomenden Wirtschaftsmetropole des Südens mit geschätzten 250 000 (!) Mitarbeitern. Aber kein Besucher kommt deshalb hierher. Es sind die legendären Clubs am Lower Broadway, in denen so mancher Superstar geboren wurde, und der ungebrochen verklärte Mythos vom amerikanischen Traum, der sich hier noch immer über Nacht verwirklichen lässt. Die schier endlose Liste derer, die es geschafft haben, zeugt von der Wahrhaftigkeit, von der noch um ein Vielfaches längeren Liste der Gescheiterten lässt sich niemand die Illusion vermiesen.

Als ich Anfang Juni Nashville erreiche, rüstet sich die Music City gerade für die größte Party des Jahres, das CMA Music Festival. CMA steht für Country Music Association, eine der beiden umtriebigen Lobby-Organisationen, die unablässig promoten, wie großartig Country als Genre sei, auch für Investoren. Bei mir rennen sie damit ja weit offene Türen ein. Keine andere Musik passt besser als Soundtrack zu den endlosen Highways. Und so radle ich meist mit anachronistischem UKW-Radio im Ohr, statt MP3-Klängen aus dem Smartphone zu lauschen.

Aber zurück zur CMA, deren Zentrale selbstverständlich in Nashville liegt. Mit der Country Music Hall of Fame und dem angegliederten Museum in der Downtown hat sie der Musik und seinen Protagonisten nicht nur ein sprichwörtliches Denkmal gesetzt. Auch das jährliche Musikfestival, das vor mehr als 40 Jahren als Fan Fair begann, ist einzigartig. Jedes Jahr pilgern Zehntausende Fans aus dem ganzen Land hierher und treffen die Stars der Countrymusic hautnah. Und zwar wirklich. In der neuen Messehalle des futuristischen Music City Center sitzen die Künstler in eigens dekorierten Ständen, um Autogramme zu schreiben, sich mit ihren Anhängern fotografieren zu lassen und zumindest kurz zu plauschen. Manchmal müssen die Fans stundenlang warten, bis sie dran sind, und manchmal bleiben die Stars noch länger, damit auch keiner enttäuscht wird. Den Rekord hält Garth Brooks mit 23 Stunden nonstop, angeblich sogar ohne Pinkelpause. Und keiner der Künstler bekommt auch nur einen Cent für seine Zeit, nicht mal für die Bühnenauftritte. Die fallen je nach Renommee unterschiedlich glamourös aus und reichen vom Zeltgig tagsüber bis zum Arenaspektakel im großen Footballstadion am Cumberland River. Wo sonst die Tennessee Titans in der NFL einem Kunststoffei hinterherjagen, treten während des Festivals an vier Tagen etablierte Legenden und hippe Newcomer auf, gerne auch mit Überraschungsgästen. Lenny Kravitz, Sheryl Crow, Kid Rock oder Jason Mraz unterstreichen in diesem Jahr eindrucksvoll, dass Country längst nicht mehr die Musik der Hinterwäldler ist, sondern sich zu einem trendsetzenden Format über alle Einkommens- und Bildungsschichten hinweg entwickelt hat.

Während der Festivalwoche quartieren Claudia und ich uns bei Rondal ein, einem Freund, den ich bei meinem ersten Besuch des CMA-Fests 2003 kennengelernt habe. Damals managte er Wynonna Judd und arrangierte für mich ein Interview mit dem Country-Superstar im Backstagebereich des Ryman Auditorium, wo Wynonna später noch auftreten sollte. Wir waren uns von Anfang an sympathisch, wurden Freunde, und jetzt besuche ich Rondal regelmäßig, wenn ich in die Stadt komme. Sein Haus liegt im Süden von Nashville, sehr verkehrsgünstig. Mit dem Rad ist man innerhalb von einer halben Stunde mitten im Geschehen. Der Aufenthalt und die damit verbundene Pause hier waren von Anfang an geplant. Ich wollte fotografieren und Interviews sammeln und hatte uns im Vorfeld akkreditiert. Gemeinsam mit Claudia besuche ich Fanclub-Partys, schlendere tagsüber zu den Bühnen in der Downtown und an der Riverfront. Abends mischen wir uns unter die 60 000 Menschen beim Stadionkonzert. Sonntag laden wir Rondal fast schon traditionell zum besten Brunch der Stadt im *Copper Kettle* ein und staunen nicht schlecht, als zwei Tische weiter Nicole Kidman und Keith Urban mit ihren beiden Töchtern Platz nehmen. Abgesehen von ein paar neugierigen Blicken, bleibt es ruhig im Lokal, keine Autogrammjäger, keine Paparazzi. Nashville geht entspannt mit seinen Stars um. Und die genießen die Unaufgeregtheit der boomenden Metropole.

Nashville ist die Wahlheimat für viele Künstler. Wer es wirklich schaffen will, muss schließlich dort leben, wo die Musik entsteht. Was manchmal als Zweckgemeinschaft beginnt, endet dann fast immer in einer leidenschaftlichen Romanze. Denn Kreativität und noch mehr die *southern hospitality*, die mitreißende Gastfreundschaft, stecken an und steigern die Lebensqualität nachhaltig.

Aaron Espe erging es so, als er vor ein paar Jahren hier-

"I like small towns, the nights are quiet, no interstate highway screaming in the starlight …"

Aaron Espe, »Small Town«

herzog. In seiner Heimat Minnesota hatte sich der 35-Jährige als Singer-Songwriter einen Namen gemacht, jetzt wollte er mit dem Schreiben von Liedern Geld verdienen. Denn noch mehr als die Stadt der Countrystars ist Nashville die Stadt der Songwriter. In keinem anderen Genre spielt das Geschichtenerzählen eine so bedeutende Rolle. »Three chords and the truth«, drei Akkorde und die Wahrheit hat Harlan Howard, einer der Größten der Zunft, als

Formel für einen guten Countrysong mal geprägt. Und dieses Credo gilt noch immer. Gut bedeutet allerdings nicht automatisch auch erfolgreich, bestätigt mir Aaron den ständigen Kampf zwischen Kunst und Kommerz, als ich ihn und seine Familie nach dem Festival am Stadtrand von Nashville mit dem Rad besuche. Auf seine Musik bin ich durch eine Filmdokumentation über den Yellowstone River gestoßen. Gegen Ende lief der Song »Small Town«, der für mich zu einer Hymne meiner Reise geworden ist, weil er die anheimelnden Besonderheiten eines Lebens abseits des Großstadtwahnsinns auf den Punkt bringt. »Wir lebten damals in Denver, die Autobahn verlief in der Nähe, und der Lärm war ständig zu hören. Als ich meine Eltern zu Hause besuchte, fiel mir als Erstes auf, wie still es dort war. Das wurde dann die erste Strophe«, beschreibt Aaron die Entstehung des Liedes. Aber der Song handelt nicht nur von der Ruhe des Landlebens, es geht auch um Vertrautheit, sich zu kennen, niemandem misstrauen zu müssen. »Mein Dad sagt immer, die Wagenschlüssel verstecke ich hier draußen ganz clever direkt im Zündschloss«, scherzt Aaron. Ich muss schmunzeln, mein Rad schließe ich eigentlich auch nur in den größeren Städten ab. Wobei man das vollbeladen ohne Übung eh kaum fahren könnte.

Das gängige Klischee, dass die unvergesslichen Hits der Musikgeschichte alle in schummrigen Bars auf eine Serviette oder einen Bierdeckel gekritzelt wurden, rückt Aaron gewaltig zurecht, als wir über den Prozess des Schreibens sprechen. »Ich bringe es im Jahr so auf ungefähr 100 Songs. Wenn am Ende eine Handvoll übrig bleibt, auf die ich stolz bin, ist das eine gute Quote.« Seit er für einen Musikverlag in Nashville arbeitet, von dem er am Ende des Monats einen Scheck als fixes Gehalt bekommt, arrangiert er auch gemeinsame Schreibtermine mit anderen Songwritern. Da wird der kreative Prozess dann ganz schnell zum nüchternen Bürojob. Deshalb arbeitet Aaron am liebsten auch im Heimstudio, einem umgebauten Schuppen hinter der Garage. Ein Computer, zwei Lautsprecher, ein Keyboard, ein paar Instrumente, vor allem Gitarren, und Mikros. Die digitale Technik entzaubert auch hier die verklärten Vorstellungen von mystischen Hitschmieden. Und dann entdecke ich überraschend eine alte Schreibmaschine. Wie ein trutziges Relikt aus der Steinzeit des Office Management thront sie auf einem unscheinbaren Beistelltischchen zwischen Sofa und Drumset. »Die ist mindestens 30 Jahre alt. Ich find's einfach cool, eine Schreibmaschine zu haben«, freut sich Aaron und bestätigt, dass sie nicht nur Deko ist. »Der Workflow ist ein anderer. Wenn ich auf ihr hin und wieder schreibe, bin ich gezwungen dranzubleiben. Denn wenn du einmal ins Stocken gerätst, war's das meist.«

Das passiert zum Glück nicht allzu häufig. Aarons Stil auf seinen eigenen Alben liegt irgendwo zwischen Folk, Pop und Singer-Songwriter. Dieser Mix ist für die meisten

Musikprogrammierer im sogenannten Formatradio, bei dem es um Einschaltquoten und eine möglichst enge Rotation von Hitsongs geht, zu sperrig. Wie gut, dass es in Nashville trotzdem ausreichend Raum und Gelegenheit gibt, um alle Arten von Musik live zu erleben, auch und gerade abseits von Mainstream und Countryklischees.

Als Pilgerstätte schlechthin gilt das *Bluebird Café* in einer schmucklosen *strip mall* im Süden der Stadt. 1982 eröffnet, war es zunächst ein Restaurant, mauserte sich bald zur Musikkneipe und ist heute vielleicht der wichtigste und authentischste Club der Stadt. In den mehr als 30 Jahren seines Bestehens hat das *Bluebird* sich nur wenig verändert, noch immer finden nur 100 Gäste Platz, noch immer liegt der Fokus ganz auf dem Zuhören. »Wir sind ein *listening room*, das bedeutet, die Leute sind still, weil sie die Musik hören wollen!«, klärt mich Erika Nichols auf, als ich sie bei einem Besuch anspreche. Sie führt das *Bluebird* heute für die Nashville Songwriters Association, die den Club vor einigen Jahren übernahm. Während der Lower Broadway die Partymeile von Nashville ist, wo die angeschickerten Gäste bestenfalls mitgröhlen, sich allzu oft aber lieber unterhalten, ist es im *Bluebird* mucksmäuschenstill, wenn die Songwriter erst die Geschichten hinter ihren Liedern erzählen, dann zur Gitarre greifen und den Song spielen. »Dieser Raum ist voller Geschichten, voller Energie, weil hier so viel passiert ist!«, meint Erika mit Blick auch auf die vielen

Stars, die im *Bluebird* gespielt haben und entdeckt wurden. Taylor Swift, Keith Urban und Garth Brooks, der in den USA noch immer den Rekord für die meisten verkauften Alben eines Solokünstlers hält, vor Elvis und deutlich vor Michael Jackson, haben am Anfang ihrer Karrieren hier gespielt und überraschen das Publikum noch heute manchmal mit einem Auftritt in vertrauter Runde, wortwörtlich. »In the Round« heißt das im *Bluebird* beliebteste Format, bei dem die Künstler meist zu viert in kleiner Runde in der Mitte des Raums sitzen und reihum ihre Geschichten und Songs präsentieren.

»Jeder kennt hier jeden«, weiß Erika, die einst selbst mit dem Traum nach Nashville kam, Sängerin zu werden. »Die Songschreiber arbeiten zusammen, sie teilen ihre Musik, ihr Leben, ihre Geschichten.« Und als Zuschauer ist man im *Bluebird* ganz nah dran an dieser intimen Musikerfahrung. Nicht selten berühren die Geschichten die Zuschauer so intensiv, dass Tränen fließen. »Stell dir vor, du sitzt neben jemandem, der weint. Das überträgt sich manchmal, und dann fängst du auch an zu weinen. Ein solches Erlebnis kann man nur haben, wenn der Raum so klein ist.« Expandieren kommt für Erika deshalb nicht infrage, auch wenn das *Bluebird* spätestens seit der TV-Serie »Nashville« aus allen Nähten platzt. Der Club ist einer der Schauplätze der Show um die Musikindustrie und die kleinen und großen Dramen hinter der Bühne.

Für das Konzert heute Abend stehen die Fans mehrere Stunden vor Türöffnung Schlange. Jake Etheridge spielt. Vor ein paar Jahren zog der junge Singer-Songwriter aus South Carolina nach Nashville. Seitdem schreibt er mit den Besten der Stadt, tourt mit seiner eigenen Band und ist Mitglied der Common Linnets aus den Niederlanden, die 2014 fast den Eurovision Song Contest gewonnen hätten.

»Es war ein bisschen unheimlich«, gesteht mir Jake nach seinem Auftritt im *Bluebird*. »Weil's hier so klein und eng ist. Die Leute schauen dich an, und du merkst genau, wie sie auf einen Song reagieren. Ganz anders als bei einem Festival, wo die Scheinwerfer dich blenden und du gar nichts siehst.« Jakes Songs klingen wehmütig, aber nicht schwermütig wie die Honky-Tonk-Klassiker der Altmeister, die über gebrochene Herzen klagen und Trost nur in hochprozentigem Alkohol finden. Leichtfüßig und tiefgründig wie sein großes Vorbild Ryan Adams singt Jake von Liebe und Verlust. Nichts überraschend Neues, und doch füllen seine Geschichten und Melodien, die er mit seiner Band dezent instrumentiert, auf ätherische Weise den schummerig beleuchteten Raum des *Bluebird*. »*Das hier ist das house of songwriting!* Hier spielen alle möglichen Leute ganz unterschiedliche Musik. Keiner schert sich um Stile oder Genres, am Ende geht's immer nur um den Song.« Und um die Geschichten.

"We sang all the time..."

Joanne Cash, Gallatin, TN

Die konnte kaum einer so intensiv erzählen wie Johnny Cash. Für viele ist er der größte Rockstar aller Zeiten. Nur wenige haben die amerikanische Musik so sehr geprägt wie der Man in Black, nicht nur Country. Selbst mehr als zehn Jahre nach seinem Tod bleibt Johnny Cash der König von Nashville, dem inzwischen in der Downtown ein eigenes Museum gewidmet ist, das ich selbstverständlich besuche. Fans aus aller Welt finden hier Trophäen und zahllose Erinnerungsstücke. Hin und wieder schaut auch Johnnys kleine Schwester Joanne vorbei. Dann ist sie der Star, schreibt

Autogramme, posiert für Fotos und erzählt von ihrem großen Bruder, der eigentlich J. R. hieß, und von der gemeinsamen Kindheit in Arkansas. »Wir sind auf einer Farm in Dyess aufgewachsen, meine Eltern Ray und Carrie und wir sieben Geschwister, ich war die Jüngste. Deshalb musste ich auch nicht so hart auf den Feldern arbeiten.«

Dyess ist als nächster Stopp auf meiner Route fest eingeplant. Im letzten Jahr hatte ich in Jonesboro beim Johnny Cash Music Festival an der Universität von Arkansas zum ersten Mal von diesem Ort gehört. Jeder kennt Graceland, dachte ich sofort, und von Tupelo, Mississippi, wo Elvis aufwuchs, wissen zumindest die meisten Fans. Aber das Umfeld von Johnny Cash, der zeitgleich mit dem King seine Karriere bei Sun Records in Memphis begann, ist verhältnismäßig wenig bekannt. In dem biografischen Film »Walk the Line« wird ganz am Anfang Cashs Kindheit in Dyess thematisiert, vor allem wegen des tragischen Todes von Johnnys älterem Bruder Jack in einem Sägewerk in Dyess. Sonst wissen viele noch eher von seiner Zeit als GI in Landsberg am Lech, und natürlich seinem kometenhaften Aufstieg in den 50ern, seiner großen Liebe zu June Carter und seinem grandiosen Comeback in den 90ern unter der Regie von Produzentengenie Rick Rubin, das ihn endgültig zur Ikone werden ließ.

Der Grundstein für Cashs einzigartige Karriere aber wurde tatsächlich in Dyess gelegt. Dyess war mehr ein Versuchsprojekt als eine richtige Stadt. Präsident Roosevelt wollte es nach der Großen Depression als Vorzeigekolonie etablieren und 500 Familien hier die Chance auf einen Neuanfang bieten. Interessenten mussten sich bewerben, entschieden wurde nach Bedürftigkeit, landwirtschaftlichen Vorkenntnissen und körperlicher Fitness. Wer den Zuschlag erhielt, bekam als Darlehen ein neues Haus, rund 16 Hektar Farmland und ein Maultier. Was nach großherziger Verlockung klang, entpuppte sich schnell als Knochenjob. Denn zuerst musste das Land von dichtem Gestrüpp und Buschwerk befreit werden, um es überhaupt urbar zu machen. Grundsätzlich galt der Boden zwar als nährstoffreich und fruchtbar, aber die nach den häufigen Regengüssen instabile, batzige Konsistenz stellte die Farmer vor neue Herausforderungen. Wer das Darlehen nach einigen Jahren nicht zurückzahlen konnte, gab auf. Nicht so die Familie Cash. Wie die meisten pflanzte sie Baumwolle, bis heute ein wichtiger Industriezweig der Region, und alle Kinder mussten bei der Ernte mithelfen. Im Garten von Mutter Cash wuchsen Bohnen, Erbsen, Tomaten und Mais. »Mama kochte daraus Gemüseeintopf«, erinnert sich Joanne. »Und jeden Abend nach dem Essen, wenn das Geschirr abgewaschen war, setzten wir uns um Mutters Piano und haben gesungen. Das war unser Unterhaltungsprogramm.« Ob in der Kirche oder draußen auf den Feldern, Musik spielte eine große Rolle im Alltag von Familie Cash. Und so verwundert es nicht, dass Johnny seine Berufung darin wähnte. »Er war

16 oder 17, kam gerade in den Stimmbruch. Und eines Abends nach der Arbeit sang er hinterm Haus bei der Wasserpumpe einen Gospel. Mama rief ihn zu sich und fragte: ›Sohn, warst du das?‹ Und er sagte: ›Ja, Mama, ich will Sänger werden.‹ Mutter legte ihre Hand auf seine Schulter und sagte: ›Du wirst singen, mein Sohn. Und du wirst ein ganz Großer werden!‹« Ob Mama Cash damals eine Ahnung davon hatte, in welchem Ausmaß sich ihre Prophezeiung schon bald erfüllen würde? Die Kindheit, die Arbeit auf den Baumwollfeldern, die tragischen Überflutungen des nahen Mississippi schlugen sich später wiederholt in den Liedern von Johnny Cash nieder, auch wenn er nach Ende der Schulzeit bald als Funker mit der Air Force nach Deutschland versetzt wurde und anschließend erst nach Memphis und später nach Kalifornien zog. Von der einstigen Farmerkolonie ist heute kaum etwas geblieben. Durch Spendengelder aber konnte das Haus der Familie Cash inzwischen vollständig restauriert werden und gibt jetzt als Museum Einblick in den Alltag des Landlebens von einst und vor allem in Kindheit und Umfeld eines Jahrhundertkünstlers.

Joanne hatte ich ebenfalls im Jahr vor meiner Radreise beim Johnny Cash Music Festival in Jonesboro kennengelernt, bei dem sie zusammen mit ihrem Bruder Tommy, Johnnys Tochter Rosanne und Willie Nelson auftrat. Im Cateringraum saßen wir plötzlich am Tisch nebeneinander und kamen ins Gespräch. Joanne stellte mir ihren Mann

Harry vor und erzählte von der Nashville Cowboy Church, die die beiden gründeten. Die möchte ich vor meiner Weiterfahrt jetzt besuchen. Schließlich ist Sonntag in der Stadt der Musik und Kirchen, jeder im Süden geht heute in den Gottesdienst – es sei denn, der Rausch vom Vorabend klingt noch nach.

Ich parke mein Rad direkt vor dem Eingang, der in der Ecke einer *strip mall* im Nordosten von Nashville liegt. Das Gotteshaus kann zwar mit den gigantischen Palästen der *mega churches*, in die Tausende von Besuchern passen, nicht mithalten. Dafür hat die düster-plüschige Atmosphäre im Texas Troubador Theatre etwas Heimeliges. Normalerweise finden hier seit über 20 Jahren Konzerte mit Countryveteranen statt, die ihre Blütezeit schon lange hinter sich haben. Sonntags aber wird das Auditorium mit 400 Sitzplätzen zur Nashville Cowboy Church. Ein Viertel, schätze ich, mag heute Morgen besetzt sein. Um Punkt zehn Uhr setzt die Band ein, alles eingespielte Instrumentalisten, die früher mit den Stars getourt sind oder zu den Nashville Cats zählten, den unbestritten besten Studiomusikern, die man für eine Aufnahmesession buchen konnte. Den Kirchenchor bildet ein Trio aus zwei Frauen und einem Mann im Durchschnittsalter des Publikums. Das liegt, wieder geschätzt, bei deutlich jenseits der 60. Nach dem ersten Song kommt Pastor Harry auf die Bühne, mit schwarzer Wrangler, blauem Cowboyhemd, Boots und einer ovalen Gürtelschnalle, die es größenmäßig fast mit dem schwarzen Hut aufnehmen könnte, den Harry selbstverständlich und standesgemäß ebenfalls trägt. Er begrüßt die Besucher und verkündet stolz, dass dies der einzige Ort sei, an dem Baptisten und Presbyterianer sich im Angesicht Gottes gemeinsam versammelten, ohne sich gleich die Köpfe einschlagen zu wollen. Und alle anderen Christen auch. Damit spielt er auf die Zerstrittenheit unter den Dutzenden von Konfessionen in Amerika an, die die Heilige Schrift zum Teil fundamental unterschiedlich auslegen. Die Nashville Cowboy Church meidet diese Streitereien. Sie ist eine unabhängige christliche, aber eben nicht konfessionsgebundene Kirche. Inzwischen gibt es Hunderte, vielleicht Tausende Cowboykirchen im ganzen Land. Die in Nashville wurde 1990 von Harry und Joanne gegründet.

»Joanne und ich sind jahrelang mit unserer Familie gereist. Wir haben Gospel gesungen, in allen 50 Staaten und in über 80 Ländern weltweit«, klärt mich Harry nach dem Gottesdienst backstage über die Anfänge auf. »Als wir nach Nashville kamen, sahen wir all die Kirchen. Aber am Sonntagmorgen sind ungefähr 40 Prozent der Menschen in der Stadt Touristen, Songwriter, Leute aus der Musikbranche. Und für die gab es keine Kirche. Also dachten wir, wir müssen eine gründen. Wir nannten sie Nashville Cowboy Church, weil ich schon immer ein Cowboy gewesen bin, aufgewachsen auf einer Ranch in West Texas. Und Gott hat für mich einen Platz geschaffen, um ein Cowboypastor zu sein.« Die ersten Gottesdienste fanden in einer Hotelbar statt, zunächst undenkbar für Joanne. »1970 habe ich mein Herz an Gott gegeben, durch Gebete, und seitdem wollte ich den Alkohol, die Drogen oder das Leben, das mich fertiggemacht hatte, nicht mehr. Aber genau das findet sich ja in einer Bar. Als Harry dann zu mir sagte, er wolle den Gottesdienst in einer Bar abhalten, sagte ich, das geht nicht, du kannst doch keine Kirche in einer Bar haben. Aber er erwiderte, das habe ihm Gott aufgetragen. Dann haben wir diskutiert, und am Ende habe ich gesagt, wenn der Inhaber uns nichts berechnet und am Sonntagmorgen kein Alkohol ausgeschenkt wird, dann weiß ich, es ist wirklich Gottes Wille.« Der Inhaber der Bar war begeistert von der skurrilen Idee, und die Nashville Cowboy Church geboren. Das Konzept der Kirchen geht wahrscheinlich zurück auf den Wilden Westen, als die Cowboys ihren Gottesdienst während des Viehtriebs auch improvisieren mussten, weil gerade keine Kirche in der Nähe war. Also versammelte man sich im Saloon, oftmals der einzige Ort, der genug Platz für alle hatte. Oder in einer Scheune. Und wenn sich jemand bekehren ließ, wurde er kurzerhand im Wassertrog der Rinder getauft. Unkonventionell ist der Gottesdienst noch immer. Harry predigt zehn Minuten, nicht länger. Die Botschaft bleibt kurz und knapp. »Wir wollen eine Möglichkeit schaffen, sich für Gott zu entscheiden, damit jeder in den Himmel kommt!«, bringt Harry es auf den Punkt. Und Joanne ergänzt: »Du kannst so kommen, wie du bist. Wir glauben, dass Gott in dein Herz schaut, nicht auf das, was du trägst.« Sie selbst setzt ganz auf Schwarz, wie einst ihr Bruder. Ein großes, funkelndes Kreuz baumelt an einer langen Kette um ihren Hals und harmoniert perfekt mit den weiß und schwarz gefärbten Haaren, die sie ähnlich plakativ toupiert trägt wie Glenn Close als Cruella de Vil in Disneys »101 Dalmatiner«. Jeden Sonntag steht sie an Harrys Seite auf der Bühne der Kirche und singt Country Gospel, bevor sie nach Ende des Gottesdienstes am Ausgang Autogramme schreibt und CDs signiert. Gerade arbeitet sie an den Alben Nummer 31 und 32. »Eines mit Duetten und eine Soloplatte. Ich werde niemals aufhören – warum sollte ich? Erst wenn ich in den Himmel komme.«

Am späten Mittag verlasse ich Nashville, nach sechs Ruhetagen. Claudia ist inzwischen auch losgezogen und fährt mit »Loretta« nach Los Angeles vor. Für mich geht's raus aus der Großstadt und über Landstraßen und Highways zurück nach *small-town America*. Die Hügel, die mein Vorankommen in Tennessee bislang sportlich hielten, werden allmählich flacher. Dafür bremst ein steter Westwind, und die Schaltung hakt etwas, nachdem ich in Nashville die Kette gewechselt habe. Ursprünglich wollte ich das alle 1000 Kilometer machen, um den Verschleiß fürs Ritzel möglichst gering zu halten. Einige Weltumradler schwören auf die Methode, denn als schwächstes Glied der wortwörtlichen Kette dehnt sich ebenjene beim Kurbeln mit der Zeit und nutzt so die Zahnkränze auf der Kassette ab. Hochwertige Komponenten verkraften das gewöhnlich ganz gut und machen manchmal erst nach 10 000 Kilometern schlapp.

Bei Dickson treffe ich kurz vor Sonnenuntergang Hermie an der Straße, an der er fast sein ganzes Leben verbracht hat. Er sitzt auf der Veranda und genießt den lauen Abend, als ich erst vorbeirolle und dann stoppe. Wir kommen schnell ins Gespräch.

»Es ist himmlisch hier draußen. Du gehst abends ins Bett, schaust in den Himmel, siehst den wunderschönen Sonnenuntergang hinter den Hügeln, unschlagbar«, schwärmt Hermie. So sehr ich Nashville als Stadt mag, ich kann ihm nur zustimmen: »Keine Ablenkung durch Handys, Internet, Social Media, man unterhält sich immer noch direkt von Mensch zu Mensch.«

»Genau. Viele sagen heutzutage, sie besuchen sich, reden miteinander, und meinen damit auf Facebook. Aber eben nicht mehr persönlich, von Angesicht zu Angesicht. Das gibt's kaum noch. Hier in Dickson ist das anders. Wir sitzen auf der Veranda, entspannen uns und reden.«

»Was macht es denn hier so besonders für dich und zu deiner Heimat?«

»Um ehrlich zu sein, viele von den Problemen, die es im

ganzen Land und auf der Welt gibt, mit der Polizei, mit Rassismus und alldem, das gibt es hier nicht. Dickson ist ein Schmelztiegel. Viele meiner Brüder, so nenne ich sie, weil sie irgendwie zur Familie gehören, sind weiß.«

Ja, Hermie ist schwarz und betont, dass die Hautfarbe hier keine Rolle spielt, anders als sonst häufig im Süden. Er wirkt dankbar und bescheiden, arbeitet bei einer Firma, die Barbecuegrills herstellt, und hilft seinem Vater, der Hausmeisterdienste anbietet.

»Ich fühle mich gesegnet, weil ich aus einer Familie komme, die sich gegenseitig hilft. Wenn einer schwach ist, unterstützen ihn die anderen. Mein Vater hat mir immer wieder ausgeholfen, ich hoffe, ich bin nur halb so gut wie er.«

Hermie hat fünf Kinder, denen er Werte und Tugenden vermitteln will, die sie im Leben weiterbringen.

»Arbeite hart, bleibe fokussiert, dann kannst du alles erreichen. Nimm dein Glück selbst in die Hand, nichts wird dir geschenkt. Und gib niemals auf.« Klingt nach Floskeln, nach Klischee oder bestenfalls Wunschdenken. Und doch nehme ich Hermie seine Worte ab, sehe ihn mit Dad als kleiner Junge auf der Veranda sitzen, seinen Geschichten lauschen. Vielleicht auch, weil ich mir selbst wünsche, dass es stimmt. Und weil die Vorstellung allein schon mit der oftmals viel zu rasanten und anonymen Realität versöhnt. Wir verabschieden uns herzlich, und ich verspreche, beim nächsten Mal wieder vorbeizukommen. Begegnungen mit Menschen wie Hermie sind der Grund für meine Reisen. Auch wenn man sich kaum kennenlernt, sich fremd ist, für einen kurzen Augenblick entsteht eine Verbindung, die beide zu berühren scheint. Das inspiriert mich und bereichert das Unterwegssein. Was für ein Geschenk.

IV. Der Mittlere Westen und die endlose Prärie

Von Missouri nach Colorado

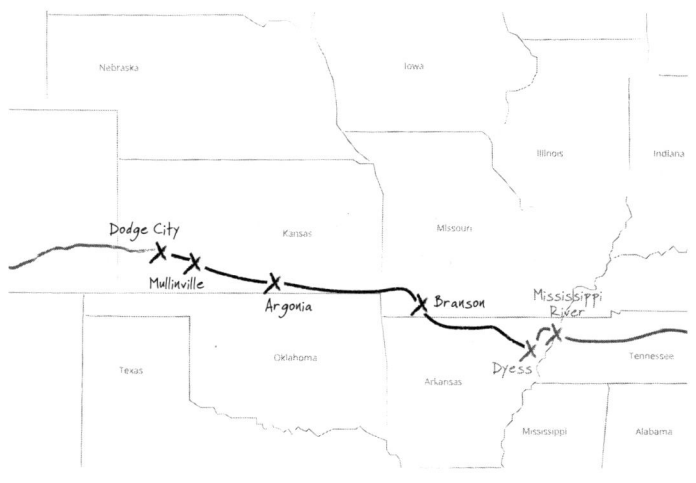

Der Mighty Mississippi ist das, was man hier in den USA treffend als *landmark* bezeichnet, Meilenstein und Wahrzeichen zugleich. Er markierte im 18. Jahrhundert die Grenze der noch jungen amerikanischen Föderation. Der »wilde« Westen wurde erst nach dem Kauf des Louisiana-Territoriums von den Franzosen Anfang des 19. Jahrhunderts eingegliedert, erkundet und erschlossen. Zum vielbesungenen und mythenbehafteten Ol' Man River aber wandelte sich der Mississippi erst im 20. Jahrhundert durch die Werke von Schriftstellern, allen voran Mark Twain und William Faulkner. Seine Ausnahmestellung verdankt er zudem den monumentalen Ausmaßen, auch wenn er mit knapp 3800 Kilometer Länge etwas kürzer ist als der in ihn mündende Missouri, der längste Fluss Nordamerikas. Aber die unvorstellbaren Wassermassen, die der Mississippi auf seinem Nord-Süd-Lauf durchs ganze Land mit sich führt, machen ihn zu Amerikas Fluss und zu einer wichtigen Verkehrsader.

Ich überquere ihn auf einer Autobahnbrücke der Interstate 155, ganz legal. Denn in Gegenden, wo es keine andere Straße gibt, dürfen Radfahrer in Amerika in der Regel den Standstreifen der Autobahn benutzen. Ganz geheuer ist mir die Überfahrt trotzdem nicht. Der Verkehr bleibt zwar überschaubar, aber die *eighteen wheelers*, Amerikas klassische

Lkws mit Sattelauflieger, sorgen beim Überholen jedes Mal für einen heftigen Windstoß. Um mit meiner schweren Zuladung nicht aus dem Gleichgewicht zu geraten, krampfe ich meine Hände fest um den Lenker. So erreiche ich unversehrt den Staat Missouri und damit den Mittleren Westen.

Die endlosen Felder und die flache Prärie, für die das Land bekannt ist, lassen zunächst auf sich warten. Das erste Hindernis in Arkansas heißt Crowley's Ridge, eine lang gezogene Anhöhe, benannt nach Benjamin Crowley, der im 19. Jahrhundert hier siedelte. Der Kamm besteht vorwiegend aus Löss, einem silthaltigen Sediment, erstreckt sich über fast 250 Kilometer von Nord nach Süd und sorgt für reichlich Höhenmeter auf dem Radcomputer. Dazu kommt die erste Panne der Reise. Auf einem Seitenstreifen verkeilt sich ein rostiger Nagel so unglücklich zwischen Schutzblech und Reifen, dass er am Ende den eigentlich unplattbaren Mantel doch durchsticht und den Schlauch perforiert. Ich repariere am Straßenrand und fahre nach einer halben Stunde weiter Richtung Westen zur Hauptstadt von Arkansas, nach Little Rock. Dort habe ich eine Verabredung mit Jason Macom, Radsportler mit einer außergewöhnlichen Geschichte. Freunde hatten mir von ihm erzählt. Wir treffen uns mit den Rädern in einem Park mitten in der Stadt. Jason fährt eine Rennmaschine und will später noch trainieren. Radfahren hat in seinem Leben einen ganz besonderen Stellenwert.

»Es ist unglaublich wichtig für mich. Als Kind bedeutete das Rad für mich Freiheit, es brachte mir die Unabhängigkeit, etwas eigenständig zu entdecken.«

»Das ist ein guter Punkt, Freiheit und Unabhängigkeit, darum geht's doch«, pflichte ich bei.

»Genau. Es ist eine einfache Maschine, und das Rad kann dich überall hinbringen.«

»Hier ist es also passiert?«, frage ich nach dem Tag, der Jasons Leben verändert hat. Er spielte in seiner Freizeit Bike Polo, im Grunde Hockey auf Rädern, auf genau dem Spielfeld, auf dem wir gerade unsere Kreise ziehen und zu dem er seitdem nicht mehr zurückgekehrt war.

»Ja, ich bin dem Ball nachgejagt, hinters Tor, und jemand kam von der anderen Seite. Dann bin ich mit dem Vorderrad und meinem Fuß voll in die Mauer gerast, das hat meinen Knöchel zertrümmert.«

»Hast du in dem Moment geahnt, welche Folgen das für dein weiteres Leben haben würde?«

»Nein, ich hab erst mal gedacht, nur eine weitere kleine Verletzung, die in ein paar Monaten wieder verheilt ist. Ich hatte vorher auch immer wieder Verletzungen, von denen ich mich schnell erholt habe. Mein ganzes Leben ist geprägt von Unfällen.«

»Wann hast du denn gemerkt, dass das ein Wendepunkt in deinem Leben sein könnte?«

»Ich habe das für ein paar Jahre erst mal gar nicht erkannt.

Ich hatte starke, chronische Schmerzen. Aber für lange Zeit habe ich nicht verstanden, wohin das führen wird oder wie sehr das mein Leben verändert. Ich habe alles Mögliche versucht, damit es mir wieder besser geht. Habe Schienen ausprobiert, mit Ärzten gearbeitet, viele Operationen gehabt. Und irgendwann, so sechs bis acht Monate vor der Amputation, sagte meine Frau zu mir: ›Du musst dem ein Ende setzen! Du bist so unglücklich, depressiv, und du tust nichts dagegen.‹«

Nach mehreren erfolglosen Operationen ließ Jason seinen Fuß und einen Teil des Unterschenkels amputieren. Gut ein Jahr ist das jetzt her. Gemeinsam mit einem der besten Prothesenspezialisten für Leistungssportler begann er anschließend, einige Modelle zu entwickeln, um endlich wieder schmerzfrei Rad fahren zu können. Gut 300 Trainingskilometer schafft er derzeit in der Woche. Sein Ziel sind die Paralympics 2020 in Tokio. Dort will er mit Team USA als Bahnradsprinter an den Start gehen. Jason ist auf dem besten Weg. Kurz bevor ich diese Zeilen in den Computer tippe, erreicht mich eine E-Mail von ihm. »Ich habe mich für die Weltmeisterschaften qualifiziert!«

Ich verlasse Arkansas Richtung Missouri. Dort im Südwesten liegen die Ozark Mountains, ein beschauliches Mittelgebirge mit brutalen Steilstraßen. Und mittendrin: Branson, eine abgeschiedene Kleinstadt mit rund 10 000

Einwohnern, die sich selbstbewusst und ein wenig vorlaut den Titel der Hauptstadt des Live-Entertainments verliehen hat. Eine abenteuerliche Mischung aus Vegas und Disney. Alles, was auf der Bühne Rang und Namen und den Karrierezenit meist längst überschritten hat, ist hier schon aufgetreten oder betreibt als zusätzliches Standbein ein eigenes Theater. Geschätzte acht Millionen Besucher strömen jedes Jahr zu den Shows und in die umliegenden Themenparks. Angefangen hat alles in den 1950er-Jahren mit einer Höhle, die eine Familie aus Chicago pachtete und hier fortan Touren in den Untergrund anbot. Anfangs noch sehr archaisch. Die Besucher mussten über eine Leiter in den Untergrund steigen, bekamen im besten Fall eine schummerige Kerzenlaterne, um wenigstens ein bisschen was zu erkennen, und wurden dann von den beiden Söhnen der Familie durch das unterirdische Labyrinth geführt. Im Laufe der Zeit wurden darüber ein paar Holzhütten als Museumsdorf der Pioniere errichtet, Silver Dollar City war geboren und ist bis heute beachtlich gewachsen. Auf mittlerweile 40 Hektar Parkgelände verteilen sich zwölf Bühnen, ebenso viele Restaurants, 30 Attraktionen und 60 Shops mit insgesamt 1500 Mitarbeitern und Angestellten. Mehr als zwei Millionen Besucher kommen jedes Jahr hierher. Wobei die spektakulären Achterbahnen nur ein Grund für den Erfolg sind. Silver Dollar City sieht sich als Heimat des amerikanischen Handwerks und stellt das eindrucksvoll zur Schau.

Überall im Park demonstrieren Spezialisten alte Handwerkskunst, die vielerorts längst vergessen ist. Fassmacher, Glasbläser und Töpfer begeistern die Zuschauer mindestens so sehr wie die Sänger in den Tanzshows. Den Namen Silver Dollar City verknüpfte man schon sehr früh mit einer genialen Marketingidee: So bekamen die Besucher in den 60er-Jahren seltene, echte Silberdollars als Wechselgeld, mit denen sie dann zu Hause beim Bezahlen schnell ins Gespräch kamen und über ihre Erlebnisse in Branson berichteten. Beste Werbung fürs Showgeschäft!

Die Brüder Jack und Peter Herschend, die das Imperium geschaffen haben und damit ein gutes Stück weit auch für den Erfolg von ganz Branson verantwortlich sind, geben sich bescheiden. Die Menschen hier in den Ozarks seien der Grund für den Erfolg, ihre Leidenschaft und Authentizität. »Wir wollten einen besonderen Ort schaffen, an dem die Menschen dir in die Augen schauen, dich herzlich willkommen heißen und das auch wirklich so meinen. Klingt vielleicht abgedroschen und kitschig, aber es stimmt!«, gibt sich Peter überzeugt, als ich ihn bei meinem Besuch treffe. Die Reihe der Auszeichnungen, die Silver Dollar City inzwischen bekommen hat, gibt ihm recht. Allen voran der Golden Ticket Award 2009 als »friendliest park«, als freundlichster Park der Entertainment-Industrie. Der Preis wird nach einem Publikumsvoting vergeben, zu dem jährlich und weltweit die Zeitschrift Amusement Today aufruft.

Es ist die Woche des 4. Juli, Amerika feiert sich selbst und die Unabhängigkeit – das will ich mit ein paar Tagen Pause und reichlich Runden auf den diversen Achterbahnen in Silver Dollar City gebührend würdigen. Tut ja auch mal gut, das wiederkehrende Auf und Ab ohne eigene Anstrengung genießen zu können. Am Independence Day selbst kleide ich mich bei Walmart extra passend ein und kaufe für zehn Dollar ein ziemlich kitschiges, sehr patriotisches T-Shirt mit der Aufschrift »Freedom Unlimited«, das perfekt mit meinem neuen Stars-and-Stripes-Kopftuch harmoniert. Trump wäre stolz auf mich. So mische ich mich unerkannt unter die Massen und bestaune mit ihnen das abendliche Feuerwerk, das die Ozarks für eine gute Viertelstunde erhellt. Außerdem beteilige ich mich mehrmals an den Buffetschlachten, von denen Branson wie jede Tourihochburg in Amerika reichlich zu bieten hat. Und ich staune über den immerwährenden Stau auf der Hauptstraße, der sich zwischen King Kong und der »Titanic« hindurchbremst. Beide übrigens in Originalgröße, also Riesenaffe und Desasterschiff. Kong kraxelt an den Hochhäusern am Eingang vom Hollywood Wax Museum hoch und fischt sich wie im Film ein Flugzeug vom Himmel. Und die »Titanic« ist ein Museum, das angeblich größte seiner Art, das alles zum spektakulärsten Drama der Schifffahrtsgeschichte erzählt. Für knapp 30 Dollar bekommt man einen Boarding-Pass, kann Kohle im Maschinenraum schippen, einen Eisberg anfassen und lernen, wie man ein S.O.S.-Signal absetzt. Dazu gibt's jede Menge Artefakte, die Taucher von der echten »Titanic« geborgen haben. Das Beste aber ist die künstliche Bugwelle, die das Schiff im angelegten Pool erzeugt. Dafür spritzen Düsen unablässig Wasser gegen die Bordwand. So gut unterhalten und ausgeruht, steigt die Vorfreude auf den folgenden Streckenabschnitt, die langersehnte, unendliche und hoffentlich wirklich tellerflache Prärie. Wenn mir nur der prognostizierte Gegenwind keinen Strich durch die Rechnung macht.

Die erste richtige Hitzewelle erwischt mich, bis zu 110 Grad Fahrenheit, also weit über 40 Grad Celsius, bestätigen die LED-Tafeln vor vielen Bankfilialen, an denen ich vorbeirolle, mein strapaziertes Temperaturempfinden. Zum Glück entspannt sich das Streckenprofil deutlich, als ich Kansas erreiche, auch wenn der Highway weiterhin in lang gezogenen Hügeln durch das Meer von Feldern verläuft und ich so fleißig immer noch deutlich mehr Höhenmeter sammle als erwartet. Die Begegnungen unterwegs aber rücken die Strapazen schnell in den Hintergrund. An einer Tankstelle schenkt mir die Mitarbeiterin Plundergebäck zur Stärkung. Matt überholt mich erst, stoppt dann seinen Wagen am Straßenrand, öffnet den Kofferraum und bietet mir Eiswürfel aus der Kühlbox an. Und den Gipfel der Nettigkeiten erklimmt ein vermummter Biker auf seiner Harley, der auf dem Highway lässig auf mein Schneckentempo runterbremst, mir wortlos im Fahren eine Flasche Wasser reicht und dann mit einem kurzen Nicken davonbraust. Dazwischen immer wieder Autofahrer, die mir zuwinken oder den Daumen als Ermunterung entgegenstrecken. Viele, mit denen ich spreche, können offenbar nicht nachvollziehen, warum ich mir die körperliche Anstrengung und gnadenlose Hitze aufbürde. Ob ich das für einen guten Zweck tue, fragen sie dann ratlos. Hehrer Gedanke. Aber ich muss, ein wenig peinlich berührt, gestehen, in erster Linie reise ich aus reinem Selbstzweck. Und auch wenn es anspruchsvolle Etappen gibt, als Quälerei empfinde ich die Tour bei Weitem nicht. Nur an die Antworten auf meine gelegentlichen Fragen nach Entfernungen werde ich mich wohl niemals gewöhnen. Denn statt hilfreicher Meilenangaben bis zur nächsten Tankstelle oder zum Supermarkt bekomme ich die vor mir liegende Strecke meist als Minutenportion serviert, Autominuten.

In der offenen Weite von Kansas habe ich das Herz Amerikas erreicht und lerne in Argonia einen der zahllosen Farmer kennen, die die Region zum Brotkorb der Nation machen. Thor Martin baut Getreide an, Sojabohnen, aber vor allem Weizen. Der ist nicht besonders anspruchsvoll, braucht keine Bewässerung und kaum Dünger. Rund 200 Hektar Land bewirtschaftet Thor, und während der Weizen wächst, arbeitet er noch als Bauunternehmer und erledigt kleine Reparaturarbeiten. Am liebsten aber ist er draußen

"I've seen many tornados from the fields and all kinds of cloud formations, it's just beautiful."

Thor Martin, Argonia, KS

auf seinen Feldern, die die flache Landschaft prägen. Für ihn gibt es nichts Großartigeres, als auf seinem Traktor zu sitzen, dabei Musik zu hören und seinen Gedanken nachzuhängen. »Traktorfahren macht Spaß, das ist der einfache Teil. Blöd wird es halt, wenn was kaputt geht. Und das passiert eigentlich ständig.« Über das Zeitverhältnis von Fahren und Reparieren führt er genauso wenig Buch wie über die Arbeitsstunden auf dem Feld. Thor fürchtet, die Bilanz würde ihm den Spaß hier draußen verderben. »Das Beste ist, den ganzen Tag herumzufahren und einfach zu schauen, auf die Landschaft, die Wolken, den Himmel.« Der schafft dann im flachen Land auch die spannende Dimension, die sich ständig ändert. »Was es für mich so schön macht, sind die subtilen Veränderungen, wie die Farben auf den Feldern wechseln, von Grün zu Gelb zu Braun, wie die Bäume sich wandeln.« Die flache Weite birgt aber auch Gefahren, die man der unspektakulären Ebene nicht gleich zutrauen würde. Kansas liegt mitten in der Tornado Alley, dem gefährlichen Korridor, in dem brachiale Wirbelstürme immer wieder unfassbare Verwüstung anrichten. Auch Thor hat einige miterlebt, direkt getroffen wurde er zum Glück bislang nicht. Anders der kleine Ort Greensburg, wie ich zwei Radetappen weiter westlich erfahren werde.

Die Nacht verbringe ich in Thors zweistöckigem Häuschen, das er sich am Rand seines Ackers gebaut hat. Hier schläft er während der Erntezeit, oder wenn sonst viel zu tun ist, um sich die Anfahrt von seinem Haus in Argonia zu sparen. »What Men Shall Beat Their Swords Into«, prangt in Metalllettern über dem Tor seines Geräteschuppens nebenan. Eine Anspielung auf das Bibelwort, das den Völkerfrieden prophezeit. Ein paar alte Landmaschinen und Trucks parken neben kleinen Getreidesilos unter den Laubbäumen. Sonst umgibt mich in dieser sternenklaren Nacht nichts als weites Ackerland. Ich schlafe friedvoll und traumlos.

Wie im Rausch rase ich in den nächsten Tagen durch die Prärie. Rückenwind treibt mich an und sorgt für einen neuen Streckenrekord. Für die 155 Kilometer bis Greensburg brauche ich nur sieben Stunden, ein Schnitt von 22 Stundenkilometern. So macht Radfahren Spaß! Trotzdem breche ich ab und nehme mir ein Motelzimmer, weil ich mehr über die Katastrophe erfahren möchte, die Greensburg weltweit in die Schlagzeilen brachte. Am 4. Mai 2007 fegte ein extrem verheerender Tornado der höchsten Kategorie 5 mit Windgeschwindigkeiten von mehr als 300 Stundenkilometern über den Ort, zerstörte 95 Prozent aller Gebäude und forderte elf Todesopfer. Auch Bürgermeister Bob Dixon verlor damals sein gesamtes Hab und Gut. Ich treffe ihn im Zentrum der kleinen Stadt. Wir setzen uns auf die blanken Stufen eines Hauses, das es seit dem Tornado nicht mehr gibt. Bob hatte sich mit der Familie am Tag des Unglücks im Keller verschanzt, aus dem später alle wieder unversehrt rausklettern konnten. Es fällt ihm noch immer schwer, über die Ereignisse zu sprechen.

»Manchmal werde ich emotional, wenn ich daran denke. Wir hatten ein wunderschönes viktorianisches Haus, erbaut 1912, mit 28 Bäumen im Garten. Das Dach, die Wände und der Boden über uns wurden einfach weggesaugt. Alles war dem Erdboden gleichgemacht, nur noch Trümmer. Wie die anderen Häuser auch. Wir waren alle obdachlos. Uns blieb nichts mehr, wir hatten nur noch einander.« Diese Erkenntnis und der daraus entstehende Zusammenhalt hat allen durch die ersten schweren Wochen danach geholfen.

»Ich erinnere mich daran, dass wir zuerst wissen wollten, wie es unseren älteren Nachbarn auf der anderen Straßenseite ging. Waren sie okay? Da meldet sich einfach der menschliche Geist zu Wort, du kümmerst dich um die anderen und interessierst dich nicht für deinen Besitz.« Trotzdem saß der Schock bei vielen so tief, dass sie Greensburg anschließend verließen. Andere blieben, um beim Wiederaufbau mitanzupacken.

»Das hier ist unser Zuhause, hier haben wir unsere Kinder großgezogen, hier werden wir in den Ruhestand gehen und irgendwann sterben«, fasst Bob die Stimmung damals zusammen.

Der Kampfgeist war geweckt, und die Bewohner sahen den Schicksalsschlag als Chance. »Schon am Tag nach dem Tornado stand fest, wir bauen alles wieder auf! Jemand schlug vor: Ihr solltet ›grün‹ wiederaufbauen, schließlich seid ihr doch Greensburg.« Was das genau bedeutet, war vielen zu diesem Zeitpunkt nicht klar. Aber der Gedanke begeisterte, man sammelte Ideen und entwickelte einen Plan. Vor allem öffentliche Gebäude wurden anschließend nach neuesten ökologischen und ökonomischen Erkenntnissen wiederaufgebaut. Windturbinen, Solarpanels, geothermale Heizungs- und Kühlsysteme finden sich jetzt überall. Viele leben nun in massiv gebauten Niedrigenergiehäusern. Der gesamte Ort bezieht seinen Strom von einer Windfarm am Stadtrand. Damit übernimmt Greensburg eine weltweite Vorreiterrolle. Bob ist stolz auf die »neue« Stadt. »Wir wollten nicht nur die ›Tornado-Stadt‹ sein, bekannt wegen einer furchtbaren Tragödie, sondern auch ein Zeichen setzen für einen nachhaltigen Wiederaufbau. In vielerlei Hinsicht sind wir ein riesiges Labor, eine Versuchsstätte, um zu zeigen, was nach einem solchen Unglück passieren kann und wie man danach verantwortungsvoll mit Ressourcen umgeht. Damit auch unsere Kinder noch davon profitieren und Greensburg genauso als Gemeinde erleben können wie wir.«

Rückblickend sehen viele den Tornado zwar nicht als Segen, aber es haben sich danach eben auch völlig neue Möglichkeiten für einen Neuanfang ergeben.

»Das ist ein Prozess. Die Leute fragen mich: ›Wann werdet ihr fertig sein?‹ Und ich sage dann: ›Ich hoffe, niemals.‹ Wenn du nämlich behauptest, du bist mit etwas fertig, setzt der Verfall ein, und es geht bergab. Mir ist es lieber, wir erhalten diesen Prozess und wachsen weiter.«

Als ich Bob frage, ob er sich Sorgen macht, dass es wieder passieren könnte, zögert er einen Moment mit der Antwort.

»Eines Tages wird wieder ein Tornado Greensburg treffen. Aber darüber darf ich mir jetzt nicht den Kopf zerbrechen.«

Die eigentliche Attraktion von Greensburg ist, wie ich schon bei der Einfahrt vom Ortsschild erfahren habe, der angeblich größte handgegrabene Brunnen der Welt, gut 30 Meter tief und zehn Meter breit. Vor meiner Weiterfahrt statte ich ihm selbstverständlich genauso einen kurzen Besuch ab wie der fast ebenso spektakulären Fromme-Birney-Rundscheune ein paar Meilen weiter. Die zählt offiziell zu den acht Architekturwundern von Kansas und wurde 1912 vom deutschen Auswanderer Heinrich Fromme in Auftrag gegeben. Von den Abertausenden Scheunen damals wurden angeblich nur 23 als runde Konstruktion angelegt, die zwar teurer, aber auch raumeffizienter und stabiler war. Ich staune anerkennend und nicht ahnend, dass das eigentliche Highlight meiner Kansas-Etappe im nahen Mullinville auf mich wartet. Die 250-Seelen-Gemeinde ist nicht viel mehr als eine Kreuzung der Highways 54 und 400. Aber die Arbeiten eines Mannes haben zusammen mit der Rundscheune dafür gesorgt, dass Mullinville in jedem Reiseführer der Region erwähnt wird.

Ich habe den kleinen Ort auf der sehr überschaubaren Hauptstraße eigentlich schon fast wieder verlassen, als sich ein Feld voller merkwürdiger, wie im Spalier stehender Metallskulpturen rechter Hand offenbart. Die Skurrilität der Figuren wird nur noch von der ihres Erschaffers getoppt, wie ich bald darauf feststelle. M. T. Liggett arbeitet gerade in seinem offenen Werkstattschuppen, einer Mischung aus

"A lot of people totally waste their existence!"

M.T. Liggett, Mullinville, KS

Atelier, Lager und Rumpelkammer, als ich den Skulpturen folge, in eine Seitenstraße abbiege und schließlich stoppe. Die folgenden drei Stunden werden zu den mit Abstand sonderbarsten meiner gesamten Reise. Nach einer kurzen Vorstellung bitte ich den alten Mann um ein Interview, und auch dabei setzt M.T. neue Maßstäbe. Ihm ist völlig wurscht, was ich frage, er erzählt ausschließlich das, worauf er Lust hat, und ich schwanke zwischen Faszination und Fassungslosigkeit. Im Dezember 1930 wurde M.T. hier in Mullinville geboren, erfahre ich, ging mit 18 zur Armee, bereiste anschließend 40 Jahre lang die Welt und ist nun seit Ende der 80er als Schrottkünstler tätig. Das Mikro soll ich nicht so verdammt nah halten, beschwert er sich dann und stellt fest, dass die meisten Menschen ihr Leben total verschwenden, weil sie niemals einen eigenen Gedanken fassen oder gar etwas Einzigartiges schaffen. Zwischendrin schlürft er laut hörbar Kaffee aus einem Pappbecher und lässt hemmungslos und ebenso deutlich akustisch wahrnehmbar Gase aus dem Enddarm entweichen ... ach, was soll's ... M.T. furzt ohne Rücksicht auf Verluste! Offensichtlich provoziert er gerne, mit seinen Skulpturen aus Altmetall, aber auch mit seinen Ansichten und seiner spröden Art. »Wie die meisten Künstler bin ich hier überhaupt nicht akzeptiert. Diese Stadt wünscht sich, dass ich verschwinde, sie wollen meine Kunst nicht«, schimpft er über die erzkonservativen Fundamentalisten, die Mullinville zum »Epizentrum der christlichen Taliban« machen. Auf einem Regal entdecke ich ein selbst gemaltes Schild, das sehr explizit beschreibt, wie M.T. über Religion denkt. »Religion is like a penis. It's okay to be proud of it, but it's not nice to wave it around in public!« Sie ist wie ein Penis, man darf stolz darauf sein, aber öffentlich damit herumzuwedeln gehört sich einfach nicht!

»Warum Metall, M.T., warum nimmst du das für deine Kunst?«, probiere ich es erneut mit einer Frage.

»Weil's ewig hält. Wenn du so ein Kunstwerk machst,

darf es niemals perfekt sein. Man darf es nicht glatt schleifen. Denn wenn es so aussähe, als käme es aus dem Computer, würde es da am Zaun ewig hängen bleiben.« Er deutet nach draußen, zu seiner improvisierten »Galerie« und meint, keiner würde es kaufen.

»Und woher nimmst du die ganze Energie, immer weiterzumachen und Kunst zu schaffen?«

»Weil ich nicht sterben will. Wenn ich das nicht mehr tue, ich bin jetzt 86, dann mache ich es nicht mehr lange. Du musst dich einfach beschäftigen. Hoffentlich kriege ich niemals Alzheimer. Du brauchst nämlich deinen Kopf, um so was zu machen.«

Zwischen all den anstößigen Hakenkreuzen und Hetzparolen seiner Objekte geht der eigentliche Schwerpunkt von M.T.s Arbeit fast ein bisschen unter. »Ich habe viele Menschen getroffen, viele Frauen in den verschiedensten Ländern. Und wenn du eine schöne Frau triffst und mit ihr eine Liebesaffäre hast, gibt es nicht Besseres, als die Erinnerung an sie in Form einer abstrakten Figur zu bewahren.« Wie viele Erinnerungen und Liebschaften er inzwischen so verewigt hat, weiß M.T. nicht. Aber an eine denkt er besonders gerne zurück. »Es war in Florenz, ich wollte mir Michelangelos David anschauen, als mir eine große Blondine auffiel. Unsere Augen trafen sich, am Abend in einer Bar habe ich sie dann wiedergesehen. Am nächsten Tag wollte ich weiter nach Belgien, sie musste eigentlich zurück nach Norwegen, aber wir sind stattdessen zusammen nach Paris gefahren. Und sie sagte, lass uns etwas tun, das wir niemals vergessen werden. Und so liebten wir uns auf dem Eiffelturm. Wir wären gottverdammte Narren gewesen, es nicht zu tun!« Mehr als 50 Jahre sei das jetzt her. Jedes Jahr zu seinem Geburtstag meldet sich Karissa seitdem telefonisch, auch wenn sie längst verheiratet ist. Die Inbrunst, mit der M. T. die Geschichte erzählt, lässt mich fast ein bisschen neidisch werden. Seine norwegische Eiskunstläuferin ist auf dem Feld nun genauso verewigt wie Tokio Rose, eine blutjunge Japanerin, mit der er ebenfalls eine jahrelange Affäre hatte, obwohl ihm König Juan Carlos einst fast die Tour vermiest hätte, weil der ihm wegen einer Liebschaft mit seiner Großnichte die Einreise nach Spanien untersagte, wo er sich mit Rose treffen wollte. Oder so ähnlich. Manchmal verliere ich gemeinsam mit M. T. ein wenig den Faden, wenn er erzählt. Frauen sind eine Leidenschaft, Kaffeetassen die andere, und bei denen hat er sogar den Überblick behalten. 26 000 Stück sollen an den Decken und Wänden seiner Werkstatt hängen, die er fast alle – richtig – von Frauen bekommen hat. »Machen wir uns nichts vor, Frauen kontrollieren die Welt. Jedes Mal, wenn ich nach Metall suche, auf einem Schrottplatz zum Beispiel, sitzt da eine Frau. Dann erkundige ich mich nach ihrem Namen und bringe beim nächsten Mal ein Geschenk mit, ein kleines Stück Kunst. Wenn du bei Frauen punkten willst, bring ihr was Selbstgemachtes mit.« Und von jeder Frau, die M.T. so um den Finger gewickelt hat, gab es dann eine Tasse als Gegengeschenk. Ich hänge noch bei der gedanklichen Plausibilitätsprüfung fest, ob es tatsächlich so viele Schrottplätze mit kooperationswilligen Damen gibt, als M.T. seinen Monolog fortsetzt und nun über die Kunstlehrer herzieht. »Zensur zerstört die Kunst! Als Kinder sollten wir in der Schule Kühe zeichnen, und ich habe eine fliegende Kuh gemalt. Aber die Lehrerin hat sich über mich lustig gemacht, blöde Schlampe. So etwas macht man nicht mit einem Kind. Lehrer zerstören mehr Künstler, als sie erschaffen.« Auch deshalb sei es ihm egal, was die Menschen über ihn und seine Werke dächten. »Wenn es dir gefällt, prima, wenn nicht, wen interessiert es. Denk immer dran, du kannst mich nicht beleidigen, außer ich lasse es zu. Das grausamste Wesen auf der Erde ist der Mensch, mit Abstand. Menschen sind gemein, hinterlistig und dekadent!« Man dürfe auf keinen Fall als Konformist durchs Leben gehen, rät er mir noch, schließlich stecke in jedem, auch in mir, ein Künstler, der entdeckt werden wolle. Menschen, die Entscheidungen träfen, ohne manchmal zu wissen, warum, hätten das Zeug dazu. Wahre Worte. Manchmal klingt M.T. Liggett trotzdem wie ein Soziopath, aber seine Inspiration kommt doch in erster Linie von den Begegnungen mit den Menschen. »Irgendwann sagst du etwas, das mich auf die Idee für ein Kunstwerk bringt.«

Bevor ich weiterziehe, will er auch von mir noch inspiriert werden. Erst zögere ich, als er mich nach deutschen Schimpfwörtern fragt. Aber um der Kunst willen muss man halt auch mal über seinen Schatten springen. Und so gebe ich bereitwillig Auskunft, als er mit einem Stück Kreide »Stupid Ass« und andere Kraftausdrücke auf eine rostige Metallplatte kritzelt, und verrate ihm die deutschen Übersetzungen. Wenn ich wiederkomme, werde ich Skulpturen auf seinem Feld der Träume finden, bei der meine Mitarbeit Niederschlag gefunden hat, verspricht er mir. Ich bin gespannt.

Die Hitze hält an, auch wenn ich im Moment nicht mehr auf Grasfeuer oder Asphaltblasen achten muss, wie noch vor ein paar Tagen. Wegen der Löscharbeiten auf dem Seitenstreifen wurden die Highways sogar kurzzeitig gesperrt. In Dodge City passiere ich den 100. Meridian, der im 19. Jahrhundert als wichtige Grenzlinie zwischen den Vereinigten Staaten und Mexiko galt und traditionell den feuchtheißen Osten vom trockenen Westen trennt. Die Temperatur bleibt konstant hoch bei über 30 Grad. Meine ausgedorrte Kehle lechzt nach Wasser oder, besser noch, isotonischen Sportdrinks und Eiskremkalorien. Welch Segen, Dodge verfügt über einen DQ, direkt an der Hauptstraße. Die Klimaanlage des Schnellrestaurants kühlt meinen überhitzten Körper schneller auf Arktistemperaturen, als ich meinen geschätzt

23. Blizzard der Reise mit *cookie dough* und Pekannüssen löffeln kann. Zitternd flüchte ich mich zurück in die Julihitze.

Dodge City verkörpert den Inbegriff des Western. Das liegt an Revolverlegenden wie Wyatt Earp und Doc Holliday, die zeitweise hier lebten, und sicher auch an der weltweit erfolgreichen TV-Serie »Rauchende Colts«, in der der fiktive Marshal Matt Dillon in Dodge für Ordnung sorgte. Eisenbahn und Rinder, die mit ihr transportiert wurden, haben die Stadt als wichtigen Verkehrsknotenpunkt und Verladebahnhof bekannt gemacht.

Die Kultur der Cowboys und -girls ist bis heute tief im Alltag der Menschen verwurzelt, wie ich bei meinem Besuch feststelle. In der flugzeughangargroßen Multifunktionshalle von Dodge tragen die besten Ranchrodeo-Reiterinnen gerade ihre offiziellen Weltmeisterschaften aus. Aus allen Teilen der USA sind die Teams gekommen, um sich bei verschiedenen Wettbewerben zu messen. Dabei geht es um rein praktische Fähigkeiten aus dem Ranchalltag. Meist müssen Kälber eingefangen werden, die beste Zeit gewinnt. Am Ende gibt's Trophäen, Sachpreise und Geld. Bei der Preisverleihung fällt mir auf, dass nebenan, hinter den aufgestellten Trennwänden, zwei *Muffler Men* zu stehen scheinen. Ich klettere um die Absperrung, und tatsächlich! Neben einem Zwischentor sind *La Salsa Man*, ein Mexikaner mit Sombrero und Salsaplatte in den Händen, und *Mobil*

Man, ein Tankwart, wie Wächter platziert. Die Figuren sind riesig, sechs, sieben Meter, schätze ich. Erschaffen wurden sie von Dennis Hopper, dem berühmtesten Sohn von Dodge City, der hier geboren wurde und einen Teil seiner Kindheit verbrachte. Mit »Easy Rider« hat der Schauspieler und Regisseur nicht nur das ultimative Roadmovie gedreht, er war auch Fotograf und Kunstsammler. Und Dennis Hopper war von den legendären *Muffler Men* offenbar ebenso begeistert wie Mark in Virginia, der ja bei meinem Besuch im Mai noch an seiner neuesten Schöpfung arbeitete. Hopper hat die zwei *Muffler Men* mit eigenen Formen für ein Kunstprojekt modelliert. Nach seinem Tod vor einigen Jahren wurden sie seiner Heimatstadt überlassen. Irgendwann sollen sie in einem extra angelegten Park im Stadtzentrum stehen. Bis der fertig ist, müssen *La Salsa Man* und *Mobil Man* indoor warten. Mit Blick auf mögliche Tornados, Schneestürme und andere Wetterkapriolen der Prärie wahrscheinlich eine kluge Entscheidung, um den Wert der einzigartigen Kunstwerke zu bewahren.

Bevor ich die Stadt verlasse, will ich herauszufinden, was vom Wilden Westen in Dodge heute noch übrig ist, und treffe im Police Department einen modernen Ordnungshüter. Lieutenant Jeff Mooradian ist ein Bilderbuch-Cop, ein Schrank in Uniform, mit rasiertem Schädel, entschlossenem Händedruck, aber zunächst noch ohne verspiegelte Sonnenbrille. Als Streifenpolizist überwacht Jeff die Straßen von Dodge City und nimmt mich in seinem gepimpten schwarzen Polizei-SUV mit auf Patrouille. »Wir fahren ein Police Interceptor Package, mit besserer Federung, größerem Motor, verstärktem Chassis und vorinstallierten Warnlichtern«, erklärt er mir sein Dienstfahrzeug. Die gesamte Flotte auf dem Parkplatz hinter dem Revier ist schwarz lackiert, komplett ohne weiße Akzente, wie wir es aus den Hollywoodfilmen kennen. »Früher hatten wir sogar ganz weiße Autos, dann haben wir uns für Schwarz-Weiß entschieden. Und jetzt fahren wir nur noch Schwarz. Ist billiger und lässt sich besser wiederverkaufen.« Jeff schaltet den Funk ein, dann rollen wir gemächlich auf die Straße Richtung Downtown. Ich frage nach dem Unterschied zwischen Marshal, Sheriff und Polizist. Auch da gab es eine Entwicklung seit den Tagen des alten Westens. »Ein US-Marshal arbeitet auf nationaler Ebene. Wir haben zwar auch einen hier in der Stadt, aber der ist mehr eine Touristenattraktion, trägt Hut, Stiefel und einen Revolver. Der Sheriff wird gewählt und ist für das County zuständig. Und in der Stadt gibt es den örtlichen Polizeichef.« Unter ihm arbeiten 49 Polizisten in parallelen Schichten von sechs Uhr früh bis sechs Uhr abends und weiter bis sechs Uhr am nächsten Morgen. »Normalerweise sind immer sechs oder sieben Polizeibeamte draußen im Einsatz. Unsere wichtigste Waffe am Körper ist unsere Zunge, die Worte, die wir benutzen. Manchmal lohnt es sich, ein bisschen länger mit den

Leuten zu reden, statt sofort Gewalt einzusetzen«, antwortet Jeff auf meine Frage nach der äußeren Erscheinung, dem Auftreten, und wie wichtig das im Job ist.

»Wie sicher ist denn Dodge City heute, ist es immer noch so wild und gefährlich wie früher?«

»Oh nein, schon längst nicht mehr. Für eine Stadt dieser Größe und mit der Zusammensetzung der Bevölkerung haben wir zwar viel zu tun. Aber ich kann guten Gewissens behaupten, dass wir als Polizeibehörde zusammen mit den Bürgern schon ordentlich aufgeräumt haben.« Das bezieht Jeff vor allem auf die Gangs, gegen die man in den letzten Jahren hart vorgegangen sei. Am Ende der Streifenfahrt halten wir am Boot Hill, dem Vorzeigemuseum von Dodge. Vor plakativer Westernkulisse finden hier regelmäßig nachgestellte Revolverschlachten statt, und mich interessiert, wie viel Wyatt Earp in Jeff Mooradian steckt.

»Hättest du dir vorstellen können, damals schon durch die Straßen zu ziehen und Dodge City sauber zu halten?«

»Nicht wirklich. Die Zeiten waren so anders, die Gesetze, und wie mit Verbrechern damals umgegangen wurde. Es ist heute schon riskant genug, Polizist zu sein. Ich kann mir kaum vorstellen, wie es damals gewesen sein muss.«

»Aber irgendwie trittst du ja das Erbe von Wyatt Earp, Doc Holliday und vielleicht auch von Marshal Matt Dillon aus der TV-Serie an.«

»Sicher, in gewisser Weise setzen wir als Polizeibehörde

von Dodge City heute diese Tradition fort. Das ist eine Ehre. Früher trugen wir in unserer Abteilung noch Cowboyhut, Gürtelschnalle und Stiefel. Aber jetzt nicht mehr.« Mit dem Hut hätte Jeff sich ja noch anfreunden können, aber die Stiefel seien bei der Verfolgung zu Fuß eher unpraktisch, vor allem im Winter bei Schnee. Jeff muss weiter zur Probe. Er ist Gründer und Sänger einer christlichen Rockband, die bald als Opening Act für ein Konzert vor Tausenden von Fans auftreten wird.

Ich verabschiede mich mit einem entschlossenen Handschlag und fahre entlang der Santa-Fe-Eisenbahnlinie raus aus der Stadt. Gigantische Rinderfarmen und endlose Felder säumen den Highway und prägen die Prärie. Weit komme ich nicht mehr. Der Wind hat gedreht und bremst jetzt deutlich von vorne. In Lakin breche ich ab, und weil es wieder keinen Zeltplatz gibt, nehme ich für meine letzte Nacht in Kansas ein Motelzimmer. Der Besitzer lädt mich ein, doch nachher zu ihm und seinen Freunden beim Barbecue zu stoßen. Es gebe Würstchen, Burger und Salate. Mit vollem Magen liege ich zwei Stunden später auf meinem Bett und versuche, die alkoholgeschwängerte Diskussion vor meiner Tür auszublenden. Irgendwann muss ich trotz der zunehmenden Lautstärke eingeschlafen sein.

V. "High" in den Rocky Mountains

Durch Colorado ins Indianerland

Colorado

Blanding — Cortez — Durango — Wolf Creek Pass — Dodge City

Nach dem »Prolog« durch Deutschland: ziemlich k. o. am Kai von Bremerhaven.

Zwei Wochen dauert die Fahrt über den Atlantik. Am 12. Mai erreichen wir pünktlich zum Sonnenaufgang New York.

Deutschland ist überall in Amerika. Schnitzel, Bratwurst, Sauerkraut – Hauptsache, die Klischees stimmen.

Zahlreiche Overlooks im Shenandoah Nationalpark bieten spektakuläre Fernsicht und willkommene Möglichkeiten zum Verschnaufen.

Berge, so weit das Auge reicht: Die Appalachen zählen zu den ältesten Gebirgszügen Nordamerikas.

Monumentaler Gottesdienst: Die dreißig Meter hohe Holzkathedrale mitten in Tennessee gilt als das größte Baumhaus der Welt.

Auch wenn der offizielle Slogan anders lautet – Tennessee ist das Land der Musik, die Wiege von Country und Rock'n'Roll.

Volles Haus! 50.000 Fans feiern während des CMA Music Festivals in Nashville *Country Music's Biggest Party*.

Country-Superstar Luke Bryan im Selfie-Wahn mit den Fans. Bei den abendlichen Stadionshows gibt's keine Berührungsängste.

Das renovierte Haus der Familie Cash in Dyess erzählt als Museum die Geschichte eines Jahrhundertkünstlers und vom Leben im Süden Amerikas.

Southern Belles vor dem ebenfalls restaurierten Hauptgebäude der Kolonie von Dyess.

Reifenpech – die einzige Panne der gesamten Reise auf einem Seitenstreifen in Arkansas.

Cotton Fields – Baumwolle bleibt ein wichtiger Industriezweig im Mississippi-Delta.

Ol' Man River – der Mississippi ist Mythos und Lebensader Amerikas.

Gigantischer Gockel vorm Frühstücksbüfett – in Branson kommt's vor allem auf die Größe an.

Die »Homestead Pickers« sorgen mit Bluegrass und Folk-Klassikern für den fröhlichen Soundtrack in *Silver Dollar City*.

Tote Hose in Elk City. Viele Ortschaften in Kansas haben die Blütezeit längst hinter sich.

Thor Martin baut in Kansas Weizen und Soja an. Die Gegend gilt wegen der vielen Farmer als »Brotkorb Amerikas«.

Statement, Denkmal, Souvenir – Junk-Art von M. T. Liggett auf einem Feld bei Mullinville in Kansas.

El Capitan erinnert an die Longhorns, die früher nach Dodge City getrieben und hier verladen wurden.

Unübersehbar – Dodge rühmt sich als *The Cowboy Capital of the World*, die Welthauptstadt der Cowboys.

Letzte Ruhestätte für Highway-Veteranen verschiedener Generationen zwischen Kansas und Colorado.

So legendär wie die Highways – erst die Eisenbahn machte die Besiedlung des Westens möglich.

Exotische Zaungäste – Lamas neben dem Highway in Colorado.

Freudensprünge in dünner Luft und direkt auf der kontinentalen Wasserscheide!

Vor dem Staudamm im Glen Canyon von Utah – der Colorado als noch intaktes, schlammiges Ökosystem.

Zeigt her eure Schuhe? Das Konzept der *shoetrees* am Wegesrand bleibt ein Mysterium, genauso wie ihr Ursprung.

Außenposten der Zivilisation – die Multifunktionstankstelle an der Grenze zwischen Utah und Nevada.

Allein auf weiter Flur – so einsam, wie das Schild es suggeriert, ist der Highway allerdings nicht immer.

Die Verkörperung eines Mythos – der Highway 50 in der Hochwüste Nevada.

Der Sand knirscht mächtig im Getriebe – Radpflege vor dem Endspurt zurück in die Zivilisation.

Wenn die Post nicht zum Briefkasten kommt, dann eben umgekehrt. Bewährtes Konzept in der Pampa.

Vorm Goldenen Tor: Am 10. August erreiche ich San Francisco und habe den Kontinent durchquert.

Der Pacific Coast Highway wird zum Fernradweg – schöner könnte die Zielgerade nicht ausfallen.

Santa Monica Pier, 17. August: Die Siegerpose täuscht, ich bin wehmütig, weil die Reise vorbei ist, und würde am liebsten gleich wieder auf die Highways.

Furcht einflößend und mächtig kündigen sich die Berge in der Ferne an. Durch einen dunstigen Schleier aus Wolken und Rauch wirken sie noch bedrohlicher. Seit Wochen wüten Waldbrände in der Gegend, die schlimmsten sind inzwischen unter Kontrolle gebracht worden. Selbstgemalte Schilder am Wegesrand danken den *firefighters* für ihren lebensgefährlichen Einsatz, der in diesem Jahr wieder viele Häuser und Existenzen bewahrt hat, aber auch jedes Mal Opfer fordert. Ich erklimme meinen ersten Pass. Vier Stunden stetiger Strampelei folgt eine rasante Abfahrt durch imposantes Terrain.

Seit zwei Tagen bin ich jetzt in Colorful Colorado, wie das Willkommensschild die eigentlich farbenprächtige Landschaft und Vielfalt des Staates rühmt. Zunächst aber dominiert nur eine Farbe entlang des Highways, tristes Beige. Immerhin setzt die untergehende Sonne einen spektakulären Akzent. Und so genieße ich trotz Gegenwind die letzten flachen Kilometer meiner Reise auf schnurgeraden Highways.

Die Nacht verbringe ich auf dem KOA Campground in La Junta. KOA ist eine private Franchisekette, die in ganz Nordamerika fast 500 Campingplätze betreibt. Alle sehr sauber, sehr organisiert und sehr teuer. Für einen Stellplatz zahlt man da manchmal mehr als für ein billiges Motelzimmer. Aber die KOAs liegen meist verkehrsgünstig an den Einfallstraßen und sind größtenteils parkähnlich angelegt, obgleich die eigentliche Parzelle bei mir hin und wieder Beklemmungsgefühle auslöst. In La Junta fühle ich mich regelrecht eingepfercht zwischen den Omnibuscampern und Wohnmobilen. Immerhin sind die Wege kurz. Ich muss zu Fuß lediglich über den Parkplatz und stehe im Schlaraffenland von Corporate America. Super-Walmart, Dollar Tree, Wendy's und Village Inn. Wo nur soll ich meine Dollars zuerst investieren? Ich beginne mit einem mäßig leckeren Dinner beim Village Inn und kaufe anschließend bei Wendy's noch einen Vanille Frosty zum Nachtisch, eigentlich mehr aus nostalgischen Gründen. Den letzten hatte ich als Kind in meiner Heimatstadt Hanau, wo zu unser aller Begeisterung in den frühen 80er-Jahren tatsächlich ein original amerikanischer Wendy's in der Fußgängerzone eröffnete. Die Euphorie von damals kann ich jetzt beim Löffeln des Softeises nicht mehr so richtig nachvollziehen. Das Kalorienkonto freut es trotzdem, und die Energiespeicher sind wieder vollends gefüllt.

Am nächsten Morgen biege ich auf den Highway 10 nach Walsenburg ab. Dazwischen liegen 110 Kilometer Nichts. Ich passiere zwei ziemlich wollige Lamas, die von einer kahlen Weide herüberstarren. Die einzige Abwechslung für den Rest des Tages. Als der Empfang meines kleinen Radios abbricht, lasse ich den Gedanken freien Lauf. Wie so oft lasse ich meine bisherige Reise Revue passieren. Wo war ich vor einer Woche, vor zwei, drei, vier Wochen? Das tue ich nicht, weil mir nichts Besseres einfällt. Vielmehr will ich sicherstellen, nichts verpasst zu haben und Erlebtes bewusster wahrzunehmen. Oft erkenne ich erst rückblickend die Schlüsselmomente, kann Begegnungen besser einordnen. Denn so sehr ich mich bemühe, unterwegs im Moment zu leben, manchmal gelingt das im Eifer nicht, weil ich überlege, welche Fotos ich noch machen möchte und welche Fragen ich meinem Gegenüber im Interview stellen könnte. Manche Erlebnisse sind außerdem so intensiv – im positiven Sinne –, dass ich die Einsamkeit auf dem Rad nutze, um sie verarbeiten zu können. Gelegentlich fällt mir dann auf, wie sehr die Zeit rast, vor allem, wenn der Zenit überschritten ist, ich also die Hälfte meiner Gesamtstrecke hinter mir habe. Hin und wieder wünsche ich mir die Unbeschwertheit und Blauäugigkeit meiner ersten Reisen zurück. Damals war alles neu, aufregend und prickelnd. Jeder Fehler eine weitere Erfahrung, die mich zwar im Moment frustriert hat, aber eben auch weiterbrachte. Dafür bin ich dankbar, trotzdem ist vieles inzwischen Routine geworden, das Reisen mein Beruf und kein Dauerurlaub. Das klingt hoffentlich nicht wie eine Klage, zu der ich weder Recht noch Anlass hätte. Im Gegenteil, schließlich habe ich lange genug gebraucht, um mich für diesen Weg zu entscheiden.

Und auch als Berufsreisender hält das Unterwegssein natürlich noch reichlich Überraschendes parat.

Ich spüre die leichte Steigung der Straße beim Treten, aber kein Vergleich zu dem, was mich bald in den Bergen erwartet.

Wie ein massiger Wall aus schneebedeckten Bergriesen stellen sich mir jetzt die Rocky Mountains in den Weg. Das trostlose Braun der Steppe wird bald durch saftig-grüne Hochtäler und dicht bewaldete Hänge abgelöst. Jetzt gibt sich Colorado tatsächlich *colorful*. Mit der Mountain Time erreiche ich auch meine nächste Zeitzone. Unterwegs treffe ich zwei andere Radler, die mir von warmshowers.org erzählen, einer Internetplattform, die Biker in der ganzen Welt vernetzt. Man erstellt ein Profil und findet so anhand einer Karte neben einer warmen Dusche oftmals noch kostenlos eine Übernachtungsmöglichkeit und eine warme Mahlzeit. Ich melde mich bei der nächsten Gelegenheit an, nehme mit einem Pärchen in Durango per E-Mail Kontakt auf und erhalte umgehend eine Zusage. Zeltnächte sind zwar in der Höhenluft wieder angenehm kühl, aber die Gesellschaft Gleichgesinnter und wertvolle Tipps zur Weiterfahrt lassen mich den Service in den nächsten Wochen noch sehr schätzen lernen und wiederholt nutzen.

Colorado ist bekannt für seine Berge, die John Denver 1972 herrlich schmalzig besungen hat. Sein »Rocky Mountain High« ist inzwischen sogar ein offizieller Song für den Staat. Wie treffend, denn Colorado ist auch der einzige Bundesstaat, in dem es keinen Ort gibt, der unter 1000 Metern liegt. Umso mehr überrascht mich das Sahara-Feeling, das im San Luis Valley mitten in den Rockies aufkommt. Dort liegen die Great Sand Dunes und bilden mit bis zu 230 Metern die höchsten Sanddünen Nordamerikas. Entstanden sind sie aus Sand vom Boden eines riesigen Urzeitsees, der vor Tausenden von Jahren austrocknete.

Am nächsten Tag rüste ich mich für die Königsetappe. Der Highway 160, auf dem ich jetzt fahre, führt rauf zum Wolf Creek Pass. 3309 Meter über dem Meer, der höchste Punkt meiner Reise. Es geht mitten rein ins Herz der Rockies, durch das an dieser Stelle auch die Continental Divide verläuft, die Wasserscheide. Alle Gewässer, die rechts davon entspringen, fließen irgendwann in den Atlantik, und alles Wasser auf der linken Seite mündet in den Pazifik. Die Luft wird spürbar dünner. Vielleicht schnaufe ich aber auch allein wegen der brutalen Steigung von konstant etwa zehn Prozent, und weil ich bereits gut 100 Kilometer in den Beinen habe, bevor die eigentliche Schufterei zehn Meilen steil bergauf beginnt. Neben der Schnappatmung kämpfe ich mit der Schwerkraft. Bei zähen sechs Stundenkilometern reicht der Vortrieb kaum, und das Rad droht umzukippen, was angesichts meiner in die Pedalbindung eingeklickten Schuhe blöde Verletzungen provozieren könnte. Bei Einbruch der Dunkelheit aber ist es geschafft. Völlig fertig verschnaufe ich auf dem Pass, lege zusätzliche Kleidung gegen die Kälte an und rase mit mehr als 60 Sachen vorbei an einem Lkw, der seine Motorbremse strapaziert, wieder zu Tal. Die Geschwindigkeit wirkt berauschend, allerdings ahne ich auch, dass das Intermezzo von viel zu kurzer Dauer sein wird. Mehr Berge und Pässe warten noch, es wird ein ständiges Auf und Ab bleiben, eigentlich bis zum Ziel. Der körperlich anstrengendste Teil der Reise liegt vor mir. Und der landschaftlich spektakulärste.

Ich campiere in dieser Nacht 20 Kilometer hinter dem Pass auf einem öffentlichen Zeltplatz in den Wäldern, den ich erst gegen 22:30 Uhr in völliger Finsternis erreiche. Leider kann ich kein Wasser ausmachen, weder aus dem Hahn noch aus einer Pumpe. Schade. Also krieche ich klebrig und erschöpft in meinen Schlafsack und will am Morgen dem Rauschen eines nahen Flusses folgen.

Nach zehn Stunden erholsamen Schlafs tapse ich durch den Wald und finde tatsächlich einen Zugang zu einem Flüsschen, das hier verspielt durch die Berge sprudelt. Mit Katzenwäsche und ohne richtiges Frühstück mache ich mich wieder auf den Weg. Schnell erreiche ich Pagosa Springs, mehr als 1000 Meter tiefer gelegen als der Pass von gestern. Ich verzichte auf die heilenden Quellen, die dem Örtchen seinen Namen gaben, und kehre stattdessen bei der Pagosa Baking Company ein, um mich für den Rest der

Etappe nach Durango mit Kaffee und Frischgebackenem zu stärken. Das ist auch bitter nötig, denn der Highway schlängelt sich mit vielen Steigungen durch die im doppelten Sinne atemberaubende Berglandschaft. Am Nachmittag erkenne ich links vom Highway in der Ferne den Felsturm des Chimney Rock, der auf der Karte als National Monument verzeichnet ist. Tatsächlich mutet die markante Formation wie ein Kamin an, der zwischen den Mesas emporragt. Für die Ureinwohner ein heiliger Ort, an dem vor 1000 Jahren ihre Vorfahren siedelten, wie archäologische Ausgrabungen belegen. Bald darauf passiere ich rechter Hand die Rohrbacher Ranch, halte aber nur für ein schnelles Foto, ohne mich mit den Besitzern über etwaige verwandtschaftliche Verbindungen in unserer Ahnenreihe auszutauschen.

Bei Einbruch der Dunkelheit schließlich rolle ich auf der Main Street von Durango aus und verliebe mich spontan in das schmucke Städtchen. Die vielen historischen Gebäude und Häuserfronten sind einladend beleuchtet, von der Dachterrasse eines Restaurants schallt Musik, die Gäste unterhalten sich lebhaft und sichtbar prächtig. Gelegentlich fragen mich Amerikaner unterwegs, wo es mir nach all den Reisen denn am besten gefalle in ihrem Land. Schwierige Frage, weil es so viele großartige Landstriche auf diesem riesigen Kontinent gibt. Aber Colorado könnte ich mir durchaus zum Leben vorstellen. Ich mag die Berge, die kleinen Städtchen, die netten Menschen und kreativen Freigeister, die in den wilden Tälern inspirierende Künstleroasen geschaffen haben. Dass der Konsum von Marihuana 2012 in Colorado legalisiert wurde, als erstem Staat überhaupt, zeigt nicht nur, dass hier viele gerne kiffen, sondern beweist vor allem, dass die Menschen auch gerne die Vorreiterrolle übernehmen. Colorado scheint überdurchschnittlich viele progressive Quer- und Vordenker zu beheimaten. Die Häuser sind nicht mehr nur sterile Retortenkolonien, sondern mitunter kreative Eigenbauten aus Adobe, Holz und Stein. Selbst auf dem Land finden sich Bioläden, in denen lokal angebautes Obst und Gemüse angeboten werden. Und nirgendwo sonst scheinen die Menschen so aktiv. Skifahren, Mountainbiken, Raften, Wandern – und überall gibt es Radwege.

Auch Daniel, mein erster Warmshowers-Gastgeber, ist leidenschaftlicher Radfahrer. Mit seiner Frau Diana und den beiden kleinen Söhnen lebt er in einem kleinen Häuschen am Rand der Downtown von Durango. Sie begrüßen mich herzlich, als ich mit dem Rad in die Einfahrt biege, bitten mich sofort ins Haus und bieten mir Essen, Dusche, Bett, Waschmaschine und das Passwort fürs Internet an. Gleichgesinnte wissen, worauf's unterwegs ankommt. Während Diana die Kinder fürs Bett fertig macht, führt Daniel mich auf die Veranda, wo wir uns mit einem Glas kühlem Wasser auf die Gartenstühle setzen. Erst im

Jahr zuvor haben sie sich bei Warmshowers angemeldet, allerdings nicht, um den Service selbst in Anspruch zu nehmen, sondern ausschließlich als *host*.

»Es ist toll, Menschen zu treffen und von ihren Erfahrungen zu hören, andere Kulturen kennenzulernen. So können wir noch ein bisschen am Abenteuer und den ganzen Aktivitäten teilhaben, obwohl wir mit zwei Kindern natürlich gerade ziemlich gebunden sind. Aber es macht Spaß, zu hören, was andere machen und wie sie die Freiheit genießen, die wir erst mal zurückstellen müssen.«

»Hattet ihr denn viele Besucher dieses Jahr?«

»Ja, wir kriegen jedes Jahr so ein Dutzend, meist im Sommer. Zuletzt zwei Pärchen, die eine Woche geblieben sind.«

»Alle hier zur selben Zeit? In eurem kleinen Häuschen?«

»Ja, in unserem kleinen Haus. Sie haben im Garten campiert, das hat gut funktioniert. Und das ist ja auch das Interessante, jeder mag es anders. Manche zelten öfter. Ich hab einen getroffen, gar nicht lange her, der wollte von Ost nach West. Als er den Mississippi erreichte, hatte er sich von seinem Schlafsack getrennt, seinem Zelt und sogar seinem Helm. Das ist mir erst bei seiner Abreise aufgefallen. Der reiste so minimalistisch, vielleicht zu minimalistisch, und hat nur noch durch Warmshowers und Couchsurfing übernachtet. Macht jeder halt auf seine Weise.«

»Wird es denn manchmal zu viel für euch, und ihr denkt: Ihr solltet jetzt mal weiterziehen?«

»Nein, bislang ist es noch nicht so weit gekommen. Die meisten spüren, wann es Zeit ist zu gehen.«

Das Konzept von Warmshowers beruht auf Gegenseitigkeit. Mehr als 80 000 Mitglieder gibt es derzeit, knapp die Hälfte davon beteiligt sich als Gastgeber. Ich fühle mich ein bisschen schäbig, weil ich mich ohne festen Wohnsitz erst mal nicht revanchieren kann. Trotzdem genieße ich die Gastfreundschaft bei Daniel und Diana. Wir verfolgen im Fernsehen die aktuelle Etappe der Tour de France, bei der sich die Profis gerade durch die europäischen Alpen quälen, unterstützt von Service-Wagen, Physiotherapeuten und Mannschaftsköchen. Aber ich fühle keinen Neid, als ich nach dem gemeinsamen Abendessen meine Isomatte im Wohnzimmer ausrolle und müde in den Schlafsack steige.

Am Morgen erkunde ich die Downtown von Durango, fahre mit dem Rad zum *train depot*, von wo aus seit den 1880er-Jahren die Durango & Silverton Narrow Gauge Railroad verkehrt. Die historische Schmalspureisenbahn transportierte ursprünglich Gold und Silber aus den Bergen. Heute bringt die archaische Dampflokomotive Touristen in restaurierten Waggons und unter lautem Getröte die gut 70 Kilometer bis nach Silverton und wieder zurück. Ich beschränke mich auf ein paar Fotos.

Bevor ich Durango verlasse und auf meine nächste Bergetappe gehe, will ich aber noch Proviant für den Tag einkaufen. Ein paar Bagels, Bananen, Sportdrinks.

»Are you a bum, too?«, ob ich auch ein Landstreicher sei, fragt mich Tom, als ich ihn nach dem Einkauf vor dem Supermarkt treffe. Sein robustes Tourenrad parkt unmittelbar neben meinem. Während ich meine gesamte Ausrüstung auf die beiden Gepäckträger vorne und hinten verteilt habe, zieht er wie die meisten Amerikaner einen Anhänger hinter sich her. Der soll größere Lasten ermöglichen und das Hinterrad schonen. Mir ist der Gedanke, damit im Wiegetritt bergauf zu kraxeln, allerdings suspekt, obgleich ich es bislang nicht ausprobiert habe. Mit dem auffälligen Wimpel am Anhänger und breiter Krempe um seinen Radhelm wirkt Tom wie ein Veteran. Er erzählt mir von einer umtriebigen Radlerszene, die es im Sommer in die kühlere Hochwüste von Colorado und im Winter in die dann moderat temperierte Low Desert von Arizona zieht. Ohne festen Wohnsitz pendeln die Dauerradler zwischen verschiedenen Staaten, treffen sich regelmäßig und ersetzen einander die Familien, die mit dem steten Vagabundentum nicht kompatibel wären. »It's a lifestyle!« Irgendwie ein verlockender Gedanke, vielleicht als alternatives Lebensmodell für den Ruhestand. Aber im Moment will ich erst mal weiter nach Westen und grüble beim Weiterradeln, ob ich Toms Eingangsfrage als Kompliment für mein authentisches Outfit oder als Beweis für die einsetzende Verwahrlosung nach zwei Monaten auf der Straße interpretieren soll.

Im Südwesten Colorados wird das Land wieder weiter. Aber die Berge sind noch längst nicht zu Ende. Auf dem San Juan Skyway radle ich Richtung Mesa Verde. 5000 archäologische Stätten verteilen sich auf dem Nationalparkgelände, die spektakulärsten finden sich in den Canyons. Indianerstämme bauten sich hier vor langer Zeit Lehmhäuser in die Felsen. Warum sie die Siedlungen vor gut 700 Jahren wieder verließen, ist bis heute unklar. Ich mache dieses Mal nur einen kurzen Abstecher in den Park, der zu dieser späten Stunde fast verwaist wirkt. In der Dämmerung wagen sich Rehe auf Nahrungssuche an die Straße. Wahrscheinlich sind sie Besucher gewohnt, egal, ob auf vier oder zwei Rädern. Nach Sonnenuntergang wird es noch ruhiger, fast lautlose Stille erfüllt das Land, bis auf das Kläffen der Kojoten in der Ferne.

Gut die Hälfte der Strecke mag inzwischen hinter mir liegen, knapp 4000 Kilometer, inklusive der deutschen Etappen. Nachdem der genaue weitere Verlauf aber nicht feststeht, kann ich nur schätzen und will mich auch weiterhin treiben lassen. Trotzdem habe ich manche Begegnungen auf dieser Reise im Vorfeld recherchiert und geplant. Wie die mit einem Mann, von dem ich in einem Buch über skurrile Geschichten in Amerika gelesen hatte. Der soll in den

"Never quit. Ever. That's for everybody!"

Gay Balfour, Cortez, CO

90er-Jahren einen alten Abwasser-Lkw zu einem Präriehundesauger umfunktioniert haben, mit dem er die kleinen Nager aus ihren Löchern holen und umsiedeln wollte. Präriehunde können ganze Landstriche verwüsten, Ernten vernichten und Grundstücke unterhöhlen. Deshalb nahmen vor allem Farmer, Rancher und Bauherren die Dienste von Gay Balfour in Anspruch. Investoren haben sogar mehr als 20 Millionen Dollar für die Geschäftsidee geboten. Eine unfassbare Geschichte, amüsant und so skurril, dass ich mehr erfahren möchte und mich telefonisch mit dem Erfinder verabrede. Er lebt mit seiner Frau Judy in Cortez auf einem großzügigen Stück Land mit freiem Blick auf die umliegenden Bergkämme. Zunächst bin ich ein wenig enttäuscht, als Gay mir bei meiner Ankunft erklärt, dass der kultige Truck längst ausrangiert ist. Seit der Immobilienkrise laufen die Geschäfte schlecht. Am Ende werden meine Erwartungen in dieses Treffen aber bei Weitem übertroffen. Drei Tage lang reden wir, stundenlang, das heißt, eigentlich redet Gay, während ich lausche und staune. Am Morgen nimmt er mich mit zur Jagd. Bei Tagesanbruch steigen wir in seinen alten Farmtruck und fahren ein paar Meilen über die Landstraßen zu einem befreundeten Nachbarn, auf dessen Feldern jetzt Hirsche geschossen werden dürfen. Weil die sich aber nicht blicken lassen, schlürfen wir schwarzen Kaffee aus der Thermoskanne und bedienen uns an den Sandwiches, die Judy in eine kleine Kühltasche gepackt hat. »Judy und ich haben noch in der Highschool geheiratet, da waren wir 16 oder 17.« Damals in den 50er-Jahren durchaus ein übliches Alter, wie Gay auf meinen überraschten Kommentar hin erklärt. Glücklich seien sie bis zum heutigen Tag, auch wenn das Schicksal sie manchmal arg gebeutelt hat. Nach der Berufsschule arbeitete Gay als Schweißer, betrieb in Kalifornien einen Sportladen, wo er vor allem Waffen, Munition und Campingartikel verkaufte. »1968 sind wir dann zum ersten Mal in Colorado gewesen, eigentlich um zu jagen, und haben uns sofort in die weite Landschaft verliebt, in die Abgeschiedenheit.« Und in die vier Jahreszeiten, die man hier durchlebt, anders als in Südkalifornien, wo es eigentlich das ganze Jahr über sommerlich bleibt. Die beiden ließen ihre Familien und einen gut bezahlten Job bei den Wasserwerken zurück, zogen schließlich um, trotzten Anfangsschwierigkeiten und bissen sich durch. »Der Neuanfang mit 30 war nicht leicht. Ich habe als Schweißer gearbeitet, Waffen verkauft, der Gemeinde als Sheriff und Feuerwehrmann gedient.« Die Geschäfte liefen besser, sie bauten sich eine kleine Firma auf, handelten mit Stahl, bewarben sich 1988 für eine Marina, die sie im Auftrag der Forstverwaltung bauen und betreiben sollten. »Bis zu diesem Zeitpunkt hatte ich immer geglaubt, alles zu Ende bringen zu können, alles zu schaffen, was ich mir vornahm. Erst lief auch alles nach Plan. Aber dann kamen die ganzen Genehmigungen und Zertifikate ins Spiel und verzögerten die Eröffnung der Anlage.« Die geschätzten Baukosten in Höhe von 500 000 Dollar explodierten um das Vierfache und brachen Gay und Judy schließlich finanziell das Genick. Sie standen vor dem Ruin. Jeden Abend baten sie vor dem Schlafen den Herrgott um Hilfe, und eines Nachts wurden die Gebete erhört, allerdings völlig anders als erwartet. »Ich träumte davon, wie ich eine Maschine baute, um damit Präriehunde zu fangen. Es war eine Art riesiger Staubsauger, der sie aus ihren Verstecken holte. Als ich aufwachte, erzählte ich Judy davon, und sie verdrehte nur die Augen.« Einer seiner Mitarbeiter vermutete sogar, Gay habe den Verstand verloren. Aber die Ereignisse der folgenden Stunden sorgten am Ende des Tages für eine andere Erkenntnis. Zunächst erledigte er einen Auftrag als Schweißer in der nahen Indianer-Reservation, wo man ihm von einer Präriehundeplage erzählte, die die Maisfelder verwüstete. Alle Maßnahmen – Abschießen, Ausräuchern, Vergasen – hätten keinerlei Wirkung gezeigt. Gay berichtete daraufhin forsch von einem »Projekt«, an dem er gerade arbeite, erklärte seine Methode und erhielt den Zuschlag. Nun brauchte er allerdings noch den Sauger und musste erst mal testen, ob die geträumte Theorie auch der harten Realität standhalten könnte. Bei den örtlichen Stadtwerken wurde er fündig, lieh sich einen Truck, mit dem sonst Klärgruben gereinigt wurden, und fand einen passenden Schlauch, den er direkt in die Löcher der Präriehunde stecken wollte. Die rasante Entwicklung der Ereignisse allein ist schon verblüffend, aber die Tatsache, dass die Farben des gelben Trucks und des grünen Schlauchs exakt denen aus seinem Traum entsprachen, lässt selbst die abgebrühtesten Realisten ins Grübeln kommen. »Das hatte nichts mehr mit Zufall zu tun!«, ist Gay sich sicher. Für ihn steht fest, Gott hatte seine Gebete erhört! Nach den ersten bravourös bestandenen Tests florierte das neue Geschäft schnell.

»Die Leute hatten bisher versucht, sie mit der Hand zu

fangen, und alle möglichen anderen Methoden. Aber ich war in der Lage, sie mit dieser Maschine lebend zu kriegen, und schaffte das in zehn Tagen, wofür sie ein Jahr oder anderthalb brauchten. Deshalb wurden wir so erfolgreich.«

Gay konnte sich vor Aufträgen kaum retten, erledigte Jobs von Nebraska im Norden bis Texas im Süden, stellte Mitarbeiter ein und konnte am Ende sogar alle Schulden, die sich durch den Verlust der Marina angehäuft hatten, begleichen. Ein Happy End, das einer Feel-good-Disney-Verfilmung entstammen könnte. Aber noch einmal nahm das Schicksal eine dramatische Kehrtwende. Vor ein paar Jahren grassierte eine Pestepidemie unter den Präriehunden, auch unter denen, die Gay gefangen hatte. Die meisten wurden innerhalb von Tagen dahingerafft, aber einige wenige überlebten, obwohl auch sie dem hochinfektiösen Erreger ausgesetzt waren. Offenbar trugen sie ein Gen in sich, dass sie vor dem Angriff der Bakterien schützte. Wenn man das isolieren könnte, ließ sich daraus vielleicht sogar ein Impfstoff entwickeln, der das menschliche Immunsystem stärken und vor lebensgefährlichen Krankheiten bewahren könnte, überlegte Gay. Grippe, Krebs, AIDS, mit einem Schlag kein Thema mehr. »Ich bin kein Wissenschaftler«, gibt Gay zu, »aber ein ziemlich guter Beobachter. Und ich bin ein Träumer, jemand, der über den Tellerrand hinausschaut.« Einige Wissenschaftler haben sich zwar interessiert gezeigt, ein konkretes Forschungsprojekt kam allerdings bislang nicht zustande. Trotzdem glaubt Gay fest daran, seine Berufung gefunden zu haben.

Zum Dinner gibt es aufgewärmte elk ribs, den Hirsch hat Judy im letzten Herbst selbst geschossen. Für die Nacht bietet sie mir wieder das Gästezimmer im Obergeschoss an.

Am nächsten Morgen fahren wir gemeinsam rüber zur Montezuma-Cortez High School. Dort ringt Urenkel Owen mit seinem Team.

»Das hier ist ein Junior-Ringer-Turnier mit Teilnehmern aus allen Ecken der Four Corners«, klärt mich Gay auf, nachdem wir unter Hunderten von Zuschauern in der ersten Reihe Platz genommen haben, genau vor der Matte, auf der Owen ringen wird. Insgesamt sind fast 500 Nachwuchsathleten zwischen vier und dreizehn Jahren angereist. Sie kommen aus Colorado, Utah, Arizona, New Mexico und Wyoming und werden heute rund 1000 Matches bestreiten. Der achtjährige Owen ist Favorit in seiner Altersklasse.

»Wir haben hart trainiert, mal sehen, ob sich das heute auszahlt. Bei einem Turnier wurde er Zweiter, bei zwei anderen Erster. Wir hoffen, das ist heute auch wieder so«, erzählt mir Brian, Vater und Coach von Owen, der es in seinem Ringeroutfit mit Ohrenschutz kaum erwarten kann, endlich loszulegen. Die Matten werden geräumt, bald geht's los. Vorher aber erheben wir uns alle zur Hymne. Die wird in Amerika bei jeder Sportveranstaltung gespielt, egal, wie groß oder klein. Heute singt Luke Bryan, Amerikas derzeit erfolgreichster Countrysänger. Allerdings kommt seine Hymne nur vom Band, ein Mitschnitt vom letzten Superbowl.

Owens erster Kampf ist einseitig, sein Gegner hat keine Chance und liegt schon nach wenigen Sekunden auf der Matte. Vater Brian ist zufrieden.

»Er hat nur achtzehn Sekunden gebraucht, das ist Rekord für diese Saison. Jetzt folgen noch zwei weitere Kämpfe für ihn, jeder kämpft dreimal. In zehn, fünfzehn Minuten geht's weiter.«

Ich nutze die Zeit, will mehr über Brian und das Leben in Cortez erfahren. Hauptberuflich arbeitet der 34-Jährige als Feuerwehrmann im benachbarten Farmington, New Mexico. Außerdem betreibt er eine kleine Firma, die mit Geweihen handelt, aus denen Lampen und Türgriffe hergestellt werden.

»Ich bin in Cortez geboren, habe mein ganzes Leben hier verbracht. Ist eine tolle Gegend für Familien, nicht zu groß, mit einer großartigen Gemeinschaft. Ich liebe die freie Natur. Jagen, Fischen, Campen, hier habe ich alles vor meiner Haustür.«

Cortez liegt im äußersten Südwesten von Colorado. Knapp 9000 Menschen leben zwischen den verschneiten Gipfeln der Rocky Mountains und den Mesas des Monument Valley. Der Mesa-Verde-Nationalpark liegt nur ein paar Autominuten von der Stadt entfernt. Das Land ist weit und spektakulär, das Leben entschleunigt und auch ein Stück weit isoliert vom Rest der Welt.

»Natürlich interessiert mich, was auf der Welt passiert«, betont Brian. »Es ist ja alles in irgendeiner Form miteinander vernetzt. Wir haben schnell Zugriff auf Nachrichten, müssen nur unser Handy einschalten und wissen, was in anderen Ländern passiert. Und es ist sehr wichtig, dass wir wissen, was los ist, weil Dinge, die im Moment andere betreffen, vielleicht auch bald für uns Konsequenzen haben werden.«

Und das würden hoffentlich bald wieder gute sein, gibt sich Brian zuversichtlich, denn Amerika tue sich schon seit Jahren schwer.

»Ich hoffe, die Dinge werden sich erholen und man bekommt für seinen Dollar auch wieder was. Vor allem das Bohren nach Erdöl und Gas ist sehr wichtig für die Region, in der wir leben. Mein Job in Farmington hängt sehr von der Steuer auf Öl und Gas ab. Wir haben gerade ein paar Jahre hinter uns, in denen niemand eingestellt werden konnte und die Gehälter auch nicht angehoben wurden. Wir kämpfen vor allem finanziell, und das liegt in erster Linie an den niedrigen Preisen für Öl und Gas.«

Der Ölpreis müsse steigen, nicht ins Unermessliche, wünscht sich Brian. Aber ein bisschen Platz nach oben sei da noch. Davon würden alle profitieren. Und die Umwelt?

»Die Umwelt ist sehr wichtig. Wir müssen umsichtig

beim Bohren vorgehen, sonst wird es die Natur, die ich noch genießen konnte, nicht mehr geben. Ich habe große Träume und Hoffnungen für meine Familie. Solange du fokussiert bist, zielstrebig und niemals aufgibst, lebt der amerikanische Traum weiter.«

Jetzt klingt Brian wieder ganz wie der Coach und muss auch schon zurück zur Matte. Owen ist dran. Auch die anderen beiden Kämpfe gewinnt der Achtjährige. Owen pinnt seine Gegner mit beiden Schultern auf die Matte und gewinnt am Ende seine Division.

Nach dem Turnier geht es mit Judy und Gay zurück zum Haus am Stadtrand von Cortez. »Lass uns mal runtergehen und das Tor für die Ziegen schließen«, schlägt Gay vor. »Sieben haben wir im Moment, einige sind trächtig, vielleicht haben wir bald neun weitere.«

Aber nicht zum Essen, schließlich seien die Tiere doch seine Freunde, es gehe um *goat therapy*, zwinkert Gay mir schelmisch zu.

»Wir haben hier zehn *acres*, die Road 26 verläuft direkt da vorne. Wenn du nach Osten schaust, sieht es aus wie in den Schweizer Alpen, und im Südosten liegt Mesa Verde. Das hier ist zwar einer der schwierigsten Orte, um seinen Lebensunterhalt zu verdienen, aber es gibt auch keinen besseren Platz zum Leben. Allein der Blick ist nur schwer zu toppen, einfach umwerfend.«

Gay erklärt die schwierige wirtschaftliche Situation mit

der fehlenden Industrie. Die besten Jobs gebe es noch im öffentlichen Dienst, bei der Stadt, der Polizei oder Feuerwehr. Er selbst ist jetzt 76, kann sich aber trotz gesundheitlicher Probleme längst noch nicht zur Ruhe setzen.

»Ich bin ja eigentlich Schweißer von Beruf, hatte eine große Werkstatt. Jetzt bleibt mir nur noch ein kleiner Workshop, und ich habe ein kleines Waffengeschäft. Wir tun uns schwer, wie alle anderen auch, die Zeiten sind hart.«

Bei diesen Worten wirkt Gay überhaupt nicht verbittert. Mit seinem weißen Rauschebart strahlt er die weise Gutmütigkeit von Santa Claus aus, den er tatsächlich jedes Jahr zu Weihnachten für die Kinder von Cortez mimt. Gay muss los, das wöchentliche Lotterie-Ticket kaufen. Seit 13 Jahren spielt er, immer mit denselben Zahlen, die ihm sein verstorbener Schwager im Traum eingegeben hat. Ein Gewinn wäre ein Segen, vor allem, um die Schulden aufs Haus endlich bezahlen zu können.

»Finanzielle Probleme werden zu gesundheitlichen Problemen. Aber es könnte noch viel schlimmer sein«, beschreibt Judy die Sorgen, als wir zu zweit am großen Esstisch sitzen. Nachts kann sie trotzdem nur schlecht schlafen. Halt findet sie vor allem im Glauben. Wenn sie den nicht hätte, sagt sie, würde sie wahrscheinlich trinken.

»Wir waren mal ein großartiges Land, zu dem die Menschen aufgeschaut haben. Jetzt sind wir wie ein Land der Dritten Welt, kommt es mir manchmal vor. Und dann die ganzen Gesetze und Regulierungen, du kannst dies nicht, darfst das nicht. So war das früher nicht. Es wird nie wieder so sein wie in den 50ern. Das waren die guten alten Zeiten. Aber die kriegen wir nicht mehr zurück.«

Judy und Gay beeindrucken mich, auch wenn unsere politischen Ansichten wahrscheinlich ziemlich weit auseinanderliegen. Es ist nicht nur ihre Herzlichkeit, die sie so liebenswert macht, sondern auch die Beharrlichkeit, die mich inspiriert. Zweimal bankrott, fast alles verloren, ein fehlgezündetes Kanonengeschoss riss Gay bei einem Unfall in den 80ern die rechte Gesichtshälfte weg, er wurde für tot erklärt. Aber immer wieder hat er sich zurück ins Leben gekämpft. Aufgeben gilt nicht! »Der einzige Unterschied zwischen Erfolg und Misserfolg ist die Länge der Zeit, die man es versucht!«

Gays Enthusiasmus, Schicksalsschläge als Herausforderung anzunehmen und nicht gleich beim ersten Gegenwind die Segel zu streichen, wirkt wie eine uramerikanische Tugend, auf die ich bald erneut mitten in der Wüste von Utah treffen werde.

Zunächst aber möchte ich mehr zum Thema Cannabis erfahren, mit dem Colorado wegen der schon erwähnten Legalisierung vor einigen Jahren immer wieder in Verbindung gebracht wird. Für viele ist das ein heikles Thema. Gegner stufen Marihuana, die getrocknete Form der Hanfpflanze, als Einstiegsdroge ein, die unweigerlich zum Konsum härterer Drogen, zur Sucht und letztlich in die Kriminalität, den Absturz in die Gosse oder gar den Tod durch eine Überdosis führt. Befürworter dagegen sehen in der Cannabispflanze eine jahrtausendealte Naturmedizin, deren positive Wirkung auf verschiedenste, zum Teil schwerwiegende Krankheiten mittlerweile kaum mehr angezweifelt wird. Deshalb wurde der medizinische Gebrauch in vielen Staaten zum Teil schon vor Jahren legalisiert. Colorado war aber tatsächlich der erste, in dem man sein Cannabis auch rein *recreational*, also quasi zum »Spaß« kaufen und konsumieren darf. Seit 2014 sprießen die offiziellen Verkaufsstellen überall aus dem Boden und tragen lustige, zum Teil seltsame und mehrdeutige Namen wie »Green Dragon«, »Medicine Man« oder »Mile High Dispensary«. Laut Colorado Pot Guide, einer Website, die alle möglichen Infos und Verkaufsstellen zusammengetragen hat, gibt es derzeit rund 600 Läden, in denen man sich legal Cannabis besorgen kann. Das seien mehr als alle Filialen von McDonald's und Starbucks zusammen. In Cortez fallen mir fünf Geschäfte auf, durch ein Logo mit grünem Kreuz auf meist weißem Grund gekennzeichnet. Das prangt auch auf der riesigen Flagge, die vor dem Gebäude von »The Herbal Alternative« flattert, hoch über der Stadt auf einem Hügel und für jeden unübersehbar. In den beiden Industriehallen dort werden die Produkte nicht nur verkauft, Cannabis wird hier auch angebaut. Und jeden Tag gibt es für interessierte Besucher eine Tour. Man gibt sich transparent, um den Schleier des Illegalen zu lüften und mit Vorurteilen aufzuräumen. Das sollte ich vielleicht auch tun, denn alles, was ich zum Thema Rauschmittel beitragen kann, basiert auf Erkenntnissen aus »Christiane F. – Wir Kinder vom Bahnhof Zoo«. Als Teenager mussten wir uns die Verfilmung des autobiografischen Bestsellers im Unterricht anschauen. Obwohl ich mich nur vage an die Vorführung und die anschließenden Diskussionen erinnern kann, funktionierte der Beitrag zur Suchtprävention bei mir prächtig. Mein kindliches Hirn fasste damals den Entschluss, niemals etwas mit Drogen anzufangen. Selbst von Zigaretten und Alkohol habe ich mich seitdem konsequent ferngehalten. Wobei ich einmal wohl doch »high« gewesen sein muss, wie mir meine Eltern immer wieder amüsiert berichten. Es passierte um Silvester 1976, ich war acht Jahre alt, und wir verbrachten die Feiertage im winterlichen Schwarzwald. Nach dem Festmahl in einer örtlichen Restauration löffelte ich zum Dessert den frisch aus Dosenobst zubereiteten Fruchtsalat. Mann, war der lecker, befand ich und nahm mir nach Rücksprache mit Mama und Papa reichlich Nachschlag. Wie viele Schüsselchen ich an jenem Abend tatsächlich verputzte, ist nicht überliefert. Allerdings wurde ich mit jedem Löffel offenbar zügelloser, begann zu kichern und kriegte mich gar nicht mehr ein vor Spaß. Meine Eltern standen vor einem Rätsel. Was war nur mit dem sonst so stillen und schüchternen Buben passiert? Die Antwort lieferte schließlich der Kellner, der uns darauf aufmerksam machte, dass der Obstsalat einen gehörigen Spritzer hochprozentiges Kirschwasser enthielt. Schade, dass ich danach keinen Nachschlag mehr bekam. Keine Ahnung, wie der Rausch ausging, vermutlich Blackout. Zurück zum Thema, und weil ich offensichtlich ein absolutes Greenhorn in Bezug auf Rauschmittel bin, zunächst noch ein paar Anmerkungen zur Begrifflichkeit, damit hier nichts durcheinanderkommt.

Es geht also um Cannabis, die lateinische Bezeichnung für Hanf, eine der ältesten Zier- und Nutzpflanzen. Der Bast eignet sich bestens zur Fertigung von Segeltuch, Seilen oder als Baumaterial.

Blüten und Blätter enthalten Cannabinoide, allen voran das Tetrahydrocannabinol (THC) als psychoaktive Substanz. Die getrocknete Form von Blüten und Blättern bezeichnet man als Marihuana, Gras oder Weed, extrahiert man das Harz der Blüten lässt sich daraus Haschisch (Dope, Shit) herstellen. Das mag als Theorie für den Moment genügen.

Als ich die Schotterzufahrt zu »The Herbal Alternative« hochradle, steigt mir der typische Marihuanageruch in die Nase, der mich jedes Mal an totes Stinktier am Straßenrand erinnert. »You must be 21 years or older to enter«, erst ab 21 Jahren darf man die Hallen betreten, erinnert das Schild am Eingang jeden Besucher an die Regeln. Ich parke mein Rad neben ein paar Autos und betrete die Lobby des Verkaufsgebäudes, dessen Ambiente vom Charme her irgendwo zwischen Lagerhalle und Chemielabor liegt. Wären da nicht die freundlichen Mitarbeiter in schwarzen T-Shirts, alle um die 20, alle ziemlich lässig, alle gut drauf. Kein Wunder, überlege ich kurz, zwinge mich dann aber, den stereotypen Gedanken rasch beiseitezuschieben. »May I see your I. D., please?«, fragt mich die androgyne Rezeptionistin mit burschikoser Stimme nach meinem Ausweis. Jeder Kunde muss vor dem Besuch der beiden Verkaufsräume im hinteren Bereich des Gebäudes seine Volljährigkeit nachweisen, denn egal, wie liberal die Freigabe von Cannabis in Colorado interpretiert wird, Anbau und Verkauf sind streng reguliert. Ich erkläre, dass ich lediglich an der Tour teilnehmen möchte, muss mich ins Besucherregister eintragen, erhalte einen laminierten Ausweis mit Umhängeband und werde aufgefordert, doch einen Moment im Wartebereich vor dem Tresen Platz zu nehmen. Auf einem Tischchen liegen Prospekte mit Infos zum korrekten Umgang mit Cannabis, kleine Aufsteller preisen die Vorzüge des medizinischen Gebrauchs. Ein Pärchen mittleren Alters gesellt sich zu mir. Sie kommen aus Pennsylvania und sind gerade auf mehrmonatiger Hochzeitsreise in einem kleinen Camper unterwegs durch Amerika.

»Wir dachten, in unserem Alter, Anfang 50, ist es Zeit, die

Welt zu entdecken und nicht zu warten, bis wir alt sind«, erklärt er mir den Entschluss, auszusteigen und seinen Job als politischer Berater an den Nagel zu hängen. Ihre Namen wollen mir die beiden lieber nicht verraten, als ich sie frage, ob ich unser Gespräch aufzeichnen dürfte. »Ich habe meinen Mann vor ein paar Jahren durch Krebs verloren«, pflichtet sie ihm bei. »Außerdem kennen wir einige Paare, die bis zur Pensionierung warten wollten, um Träume wie diese auszuleben. Aber dann wurde einer der beiden krank. Deshalb haben wir uns entschlossen, jetzt loszuziehen.« Um die Zukunft nach Ende der Reise machen sie sich keine Sorgen. »Mit unseren Qualifikationen werden sich bestimmt neue Verdienstmöglichkeiten finden lassen«, ist sie überzeugt.

»Ich möchte künftig kreativ tätig sein, arbeite an ein paar Drehbüchern. Das ist sicher besser für mich als der ganze Stress im alten Job«, ergänzt er.

»Und was hat euch hierhergebracht?«

»Wir kommen ja aus dem Osten, wo sich die Freigabe von medizinischem Cannabis noch sehr schleppend entwickelt. Hier im Westen ist man viel offener, und wir haben besseren Zugang zu dieser heilenden Pflanze, die Gott geschaffen hat. Viele Freunde haben uns von den positiven Wirkungen berichtet, und das wollen wir jetzt selbst entdecken. Meine Vorväter haben für Unabhängigkeit und Freiheit gekämpft. Davon haben wir nichts, wenn die Polizei Türen eintritt und Leute verhaftet wegen einer Blume. Wir reden hier von einer Blume, die keine Verarbeitung braucht. Sie wächst einfach so, wie Gott sie geschaffen hat. Und wenn man sie nutzt, wird man eingesperrt? Es entspricht doch dem genauen Gegenteil von Freiheit und Unabhängigkeit, wenn wir den Anbau, Verkauf und Besitz einer Blume illegal machen.«

Mit immer leidenschaftlicher klingender Stimme vergleicht er das Verbot des Cannabiskonsums mit der Prohibition von Alkohol, die gescheitert ist, weil sie den Schwarzmarkt und mit ihm die Kriminalität überhaupt erst lukrativ machte. Beide konsumieren Cannabis regelmäßig, er zunächst aus medizinischen Gründen. »Ich hatte ein schweres Trauma und habe danach ein posttraumatisches Stresssyndrom entwickelt, konnte das Haus nicht verlassen, ohne um mein Leben zu fürchten.« Seine Angst ertränkte er in Alkohol – Wodka – und wachte eines Morgens auf, ohne sich an den Abend zuvor zu erinnern. »So konnte ich nicht weitermachen, sonst würde ich sterben, das wurde mir in diesem Moment klar. Cannabis kannte ich noch aus meiner Jugend, wusste, dass es nicht süchtig macht und dass es dich nicht so berauscht, dass du alles vergisst. Du kannst an einer Überdosis Cannabis nicht sterben.« Aus Neugier habe er probiert, wie weit er gehen könne, reichlich konsumiert. Außer Hunger und Durst seien am nächsten Tag keine Auswirkungen zu spüren gewesen. Und die psychische Abhängigkeit habe er mehrfach problemlos von einem auf den anderen Tag überwunden. »Ich nutze es von 30 Tagen im Monat wahrscheinlich an 28, vor allem abends, vor dem Zubettgehen. Früher hatte ich furchtbare Albträume, konnte nicht schlafen. Jetzt schlafe ich mit einem Lächeln ein.«

Auch sie weiß um die positiven Effekte. »Ich habe einen Verwandten, der wegen einer Depression mit einem Cocktail aus drei verschiedenen Medikamenten behandelt wurde. In Oregon konnte er sich Cannabis besorgen, das dort für medizinische Zwecke erworben werden kann, und auf die Medikamente verzichten.« Chemisch unterscheiden sich *medical* und *recreational cannabis* nicht, im Preis und in der Zugänglichkeit schon. Medizinisches Cannabis muss ärztlich verordnet werden und ist günstiger, weil die Steuern geringer sind als bei der Spaßvariante. Zuletzt lag der Umsatz in Colorado übrigens bei weit mehr als einer Milliarde Dollar im Jahr, was dem Staat Steuereinnahmen in Höhe von über 150 Millionen Dollar bescherte. Ein guter Teil davon fließt in Schulprojekte. Die Legalisierung bringt aber auch deutliche Vorteile für den Konsumenten. »Auf der Straße musst du dich mit dem zufriedengeben, was du bekommen kannst. Hier kannst du auswählen und dich je nach Bedürfnis für ein bestimmtes, ausgereiftes Produkt entscheiden.« Er betont gleichzeitig, dass es sich ja eigentlich nur um eine Relegalisierung handelt. Illegal sei Cannabis nur einige Jahrzehnte lang gewesen, vor 100 Jahren habe es in jeder Hausapotheke noch Mittelchen gegeben, die Cannabinoide enthielten. Und längst beschränkt sich der Konsum nicht mehr nur auf den Hippiejoint. »Wir benutzen einen Zerstäuber, der das Cannabis auf die optimale Temperatur erhitzt, um die Öle mit den Inhaltsstoffen freizusetzen, die wir dann inhalieren.« Das funktioniere sogar in Hotelzimmern, in denen Rauchen verboten sei. In der Öffentlichkeit darf man Cannabis allerdings trotz Legalisierung nicht konsumieren, auch nicht im freizügigen Colorado.

Zeit für die Tour, Oliver Scott-Tomlin wird sie mit uns machen. Typ Yogalehrer, groß, drahtig, mit festem Händedruck, durchdringenden stahlblauen Augen und charmantem Akzent, der seine südafrikanische Herkunft verrät und Frauenherzen schmelzen lässt.

»Ich kam vor drei Jahren hierher, hatte genug vom schlechten Wetter in London, wo ich damals lebte. Und so entschloss ich mich, mit meiner Frau hierher in die Berge zu ziehen.«

Olivers Frau stammt aus Colorado. Seinem ersten Job als Assistent des Chefzüchters folgte ein rasanter Aufstieg, heute ist er leitender Geschäftsführer von »The Herbal Alternative«, mit 28 Mitarbeitern. Die Tour führt uns vorbei an Büros ins angegliederte Nachbargebäude. Schwarze Kunststoffeimer stapeln sich in den Regalen einer kleinen

Kammer. Sie enthalten Marihuana, das hier weiter trocknet und nachreift.

»Wir machen die Touren, um Vorurteile abzubauen und den Menschen klarzumachen, welchen Aufwand wir betreiben, um die Pflanzen anzubauen, und was für eine großartige Industrie das ist«, erklärt Oliver und zeigt uns als Nächstes die Räume, in denen Cannabis gezüchtet wird. Aus hygienischen Gründen dürfen wir zwar nicht eintreten, dick verglaste Fenster im Gang erlauben uns aber einen Blick auf die verschiedenen Wachstumsstadien der Topfpflanzen. Von der Decke strahlen Lichter mit unterschiedlichen Wellenlängen für ein optimales Gedeihen, Kohlendioxid und Wasser werden wohldosiert zugeführt, jede Pflanze von Hand gestutzt.

»Wir stellen sogar unsere eigene Erde her. Schließlich investieren wir so viel in die Pflanze, da wäre es doch schade, nicht auch alles zu verwerten«, schwärmt Oliver.

Was nicht zu Marihuana weiterverarbeitet werden kann, wird kompostiert und recycelt. Oliver ist stolz, dass »The Herbal Alternative« eben nicht nur eine Verkaufsstelle ist, die die Produkte von riesigen Zuchtanlagen und Warenhäusern aufkauft, sondern sich selbst akribisch um den Anbau kümmert. 900 Pflanzen stehen zur Zeit in Blüte, 2000 weitere warten darauf. Das macht rund 60 Pfund Marihuana im Monat.

»Wir haben so 80 bis 100 Kunden jeden Tag, aus allen

Gesellschaftsschichten. Und es kommen viele Touristen. Immerhin sind wir von drei Staaten umgeben, die Cannabis noch nicht legalisiert haben.«

Das Verhältnis der Verkäufe von *recreational* zu *medical cannabis* liegt bei etwa 70 zu 30, schätzt Oliver.

»Gleich nebenan befindet sich ein Schießstand, das sagt eigentlich alles über Colorado. Egal, wie konservativ man eingestellt ist, von der Wirkung von Cannabis kann jeder profitieren, wenn man die Klischees und Vorurteile mal vergisst. Man muss auch nicht ständig high sein oder Joints rauchen. Es gibt mittlerweile so viele Produktformen und Arten des Konsums.«

Andere Darreichungsformen neben den getrockneten Blumen sind Konzentrate, Öle und essbare Riegel, Cookies oder Fruchtgummis, die Oliver zukauft und dann ebenfalls anbietet. Er erwartet, dass die Industrie rasch weiter wachsen wird, viele Regierungsbudgets seien jetzt schon auf den Einnahmen der extra eingeführten Steuern begründet. Cannabis trage mittlerweile auch einen wesentlichen Beitrag zur lokalen Wirtschaft bei.

»Vor der Legalisierung von Pot gab es auf der Main Street in Cortez überall ›*for sale*‹*-signs.* Jetzt siehst du kein einziges mehr. Wir engagieren uns für verschiedene Programme und Organisationen, arbeiten mit Veteranen, um einen positiven Eindruck zu hinterlassen.« In der Tat bin ich beeindruckt, wie professionell und nahezu wissenschaftlich

Anbau und Verkauf von Cannabis hier betrieben werden. Auf eine Probe verzichte ich dennoch und will mir meinen nächsten Kick lieber auf der Straße holen, wenn ich mit viel Adrenalin im Blut vom nächsten Pass zu Tal stürze.

Hier in den Bergen zu leben präge den Charakter der Menschen, hat Oliver mir zum Abschied noch gesagt, als ich ihn nach seinem Werdegang gefragt habe. Eigentlich ist er nämlich Psychologe, hat im Gesundheitswesen und in Gefängnissen gearbeitet. Jetzt organisiert er neben seinem Job als Geschäftsführer *firewalks*, bei denen Menschen über glühende Kohlen laufen, und ist Coach für *self-empowerment* zur Stärkung des Selbstvertrauens. Die Rauheit der Natur verbinde die Menschen, mache sie selbständiger, härter und schärfe die Überlebenssinne, sagt er. So könne man koexistieren, auch wenn die Ansichten oder politischen Einstellungen gegensätzlich seien. Das habe ich auf meinen Reisen immer wieder beobachtet. Und auch wenn der Gedanke nicht die Lösung für einen Weltfrieden bringt, mag er manche Diskussion obsolet machen und das Zusammenleben friedlicher gestalten.

VI. Durch rote Felsen und zum Roten Planeten

Von Utah nach Nevada

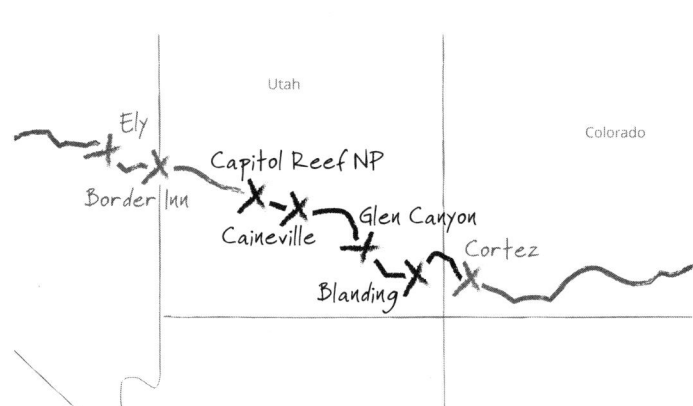

Der direkte Weg nach Los Angeles würde übers Monument Valley schnurstracks nach Südwesten führen, in nicht einmal zwei Wochen könnte ich die dann verbleibenden gut 1200 Kilometer locker schaffen. Will ich aber nicht. Das wäre ein viel zu jähes Ende, außerdem hatte ich mir schon im Vorfeld der Reise in den Kopf gesetzt, wenn irgendwie möglich wenigstens ein Teilstück der einsamsten Straße Amerikas zu fahren. Die verläuft als Highway 50 quer durch Nevada. Also verlege ich meine Route nach Nordwesten und passiere bald die Grenze zu Utah, dem Staat mit den vielleicht spektakulärsten Wüstenlandschaften und Naturwundern Amerikas. Auf den ersten Blick wirken die allgegenwärtigen Felsbrocken und Steinformationen wie jede Menge rotes Geröll, imponierend, aber irgendwie auch wenig abwechslungsreich. Spätestens, wenn die Sonne am Anfang und Ende eines Tages farbenprächtige Lichtstimmungen in Canyons und auf Steilwände zaubert, verfällt man der Magie und kann sich einfach nicht sattsehen.

Nach meiner Abfahrt aus Cortez schaffe ich es nur bis Monticello und muss nach gut 100 Kilometern abbrechen. Die rolling hills haben es in sich, wieder sammle ich mehr als 1000 Höhenmeter auf dem Radcomputer, obwohl das Land weiter geworden ist. Am Ortsende stelle ich mein Zelt auf einen heruntergekommenen RV Park und radle zu einem Restaurant an der Main Street. Leider ist Samstag, und die Betreiber haben einen Orgelspieler engagiert, der mit seinen unerträglich schmalzig und laut vorgetragenen Schlagern die Freude am Verzehr des Dinners deutlich trübt.

Am nächsten Tag erreiche ich Blanding und will mich hier für die folgenden 250 Kilometer ohne Versorgungsmöglichkeit eindecken, muss allerdings überrascht feststellen, dass die meisten Geschäfte im Staat der Mormonen sonntags geschlossen bleiben.

Der Ort mit etwa 3500 Menschen hieß ursprünglich Grayson, benannt nach der Frau eines der ersten Siedler um 1900. Als aber der wohlhabende Pädagoge und Historiker Thomas W. Bicknell aus Rhode Island der Stadt 1914 ein unmoralisches Angebot unterbreitete, zögerte man nicht lange und ergriff die Gelegenheit. Bicknell versprach eine 1000 Bücher umfassende Bibliothek, wenn sich eine Stadt in Utah nach ihm benannte. Ob aus Größenwahn, Narzissmus oder reiner Wohltätigkeit, lässt sich nicht mehr nachvollziehen. Grayson und Thurber, durch das ich später auch noch radeln werde, bekundeten Interesse. Schließlich wurde salomonisch entschieden, beide Orte erhielten 500 Bücher, Thurber heißt seitdem Bicknell, und Grayson änderte den Namen in Blanding, nach Bicknells Frau Amelia, geborene Blanding. Es lebe der Kapitalismus. Noch heute wird die Bücherei von der gleichen Rehoboth Antiquarian Society in Massachusetts geführt, die auch schon vor mehr als 100 Jahren die Gründung abwickelte.

Auf den ersten Blick macht Blanding auf mich keinen besonders einladenden Eindruck, die Funktionalität der Gebäude scheint wie so oft wichtiger als Charme. Aber der Ort liegt strategisch günstig auf dem Weg ins Outdoor-Mekka Moab oder zum Monument Valley. Einer der wichtigsten Arbeitgeber der Gegend ist die White-Mesa-Uranmühle, ein paar Meilen südlich gelegen und höchst umstritten. Umweltaktivisten kritisieren veraltete Technik und Sicherheitsstandards der letzten konventionellen Uranmühle in den USA, die einen großen Teil ihrer Einnahmen durch die Lagerung von hochradioaktivem Abfall erzielt. Umliegende Gemeinden fürchten um die Sauberkeit von Grundwasser und Luft. Pikant ist auch die Nähe zu den Indianerreservaten. Der Kampf der Ureinwohner um ihre Territorien in Amerika ist ein wiederkehrendes Thema, vor allem in Regionen, die traditionell oder vertraglich als Indianerland gelten und reichlich Bodenschätze enthalten, wie hier in den Four Corners. Hier, wo Arizona, New Mexico, Utah und Colorado aneinandergrenzen, leben Hopi, Ute, Zuni und Navajo, wie Brian Mannheimer aus Blanding. Der 41-Jährige, der seine langen pechschwarzen Haare zu einem Zopf gebunden trägt, arbeitet als Verkäufer in einem Geschäft für Autozubehör in Cortez. Dort hatte ich ihn auch kennengelernt. Bei einem Latte im örtlichen Coffeeshop kommen wir ins Gespräch, zunächst über seinen für einen Indianer exotischen Namen.

»Mannheimer? Ich habe zwei Geschichten gehört. Meine Großmutter hat mir erzählt, dass vor 100 Jahren ein paar deutsche Christen in die Gegend kamen und unsere Namen nicht aussprechen konnten. Deshalb haben sie Namen adaptiert, die sie zu verstehen glaubten, keine Ahnung, wie Mannheimer und Navajo zusammenpassen...« Brian kichert, vielleicht auch, weil die zweite Entstehungsgeschichte der anderen Großmutter noch viel besser ist.

»Sie hat herausgefunden, dass mein Urururgroßvater mit »Buffalo Bill's Wild West Show« unterwegs war. So um 1890 kamen sie für eine Tournee nach Europa. Und als sie nach Deutschland kamen, waren sie auch in Mannheim, wo es meinem Urururgroßvater so gut gefallen hat – er mochte vor allem die Menschen –, dass er den Namen der Stadt zu seinem Nachnamen machte. Jetzt muss ich wohl auch mal da hin und mir anschauen, woher wir unseren Namen haben.«

Tatsächlich machte Buffalo Bill im April 1891 mit seinem Tross in Mannheim Station. »Unser Zweck ist, das Publikum mit Sitten und Gebräuchen und der täglichen Lebensweise der Bewohner des fernen Westens der Vereinigten Staaten bekannt zu machen«, stand damals in einem Programm der Europatournee. Hunderte von Teilnehmern,

Pferde und Bisons sorgten für ein Spektakel, das die Stadionshows der Popstars von heute wie einen stümperhaften Abklatsch erscheinen lassen. Millionen von Fans strömten in die Arenen und auf die Tribünen, um Revolverhelden, Flintenweiber, Trapper, Wildtöter, Cowboys und »echte« Indianer live zu erleben. Buffalo Bill inszenierte seine Auftritte ikonenhaft und glamourös, verkaufte Merchandise-Produkte wie original Buffalo-Bill-Pfeifen und Spielsachen und begründete zu einem großen Teil die Faszination der Europäer für den Wilden Westen, noch bevor Karl May seine Winnetou-Geschichten veröffentlichte. Interessanterweise werden die Indianer in dessen Erzählungen ja meist heldenhaft oder als Opfer weißer Unterdrückung und Ausbeutung dargestellt. Das hat unsere Wahrnehmung und Sympathie für die amerikanischen Ureinwohner offenbar nachhaltig geprägt. Eine Einschätzung, die in krassem Kontrast zu den Klischees und Vorurteilen steht, mit denen viele Indianer noch heute in Amerika zu kämpfen haben, wie mir Brian bestätigt.

»Natives sind in den USA die Niedrigsten der Niedrigen. Jede andere Rasse hat bessere Chancen, einen Job zu bekommen. Ich reise viel und sehe viel. Wir Indianer sind nicht sehr beliebt. In der heutigen Gesellschaft werden die meisten immer noch als Betrunkene, Diebe und Lügner abgestempelt. Deswegen verlassen wir auch unsere Reservate nicht gerne.«

Neben der negativen Darstellung in Medien, Film und Fernsehen macht Brian auch die Kirche für den Rassismus verantwortlich.

»Ich finde die Religion der Mormonen ziemlich rassistisch. Auf den ersten Seiten im Buch Mormon steht, dass die Menschen der Sünde farbig geboren werden. Das ist in Utah ziemlich bedeutend, es gibt hier wirklich kaum einen *native*, der ein erfolgreiches, großes Geschäft betreibt. Es sind immer nur die Weißen. Das macht es in Blanding so hart. Die Klassenunterschiede zwischen Weißen, Indianern und Latinos sind hier deutlich sichtbar.«

Tatsächlich gibt es im fünften Kapitel des Buchs Nephi im Buch Mormon folgendes Zitat:

»Und er hatte wegen ihres Übeltuns den Fluch über sie kommen lassen, ja, einen schweren Fluch. Denn siehe, sie hatten ihr Herz gegen ihn verhärtet, sodass es wie ein Kieselstein geworden war. Deshalb, da sie weiß waren und überaus anmutig und angenehm, ließ der Herr, Gott, damit sie für mein Volk keinen Anreiz mehr hätten, ihre Haut schwärzlich werden.«

Das wurde lange Zeit als Legitimierung für Rassismus interpretiert. Inzwischen hat sich die Kirche Jesu Christi der Heiligen Letzten Tage, wie die Glaubensgemeinschaft der Mormonen korrekt heißt, offiziell davon distanziert. Brian ist trotzdem überzeugt, dass man in einer Stadt wie Blanding, wo die Kirche so einen großen Einfluss hat, diese

Grundtendenzen täglich spürt. Aber selbst Indianer untereinander verstünden sich nicht gut.

»Na ja, die Menschen kümmern sich mehr um sich selbst als um die Gemeinschaft. Wir verlieren uns selbst. Im Reservat findest du kaum noch jemanden, der dir hilft. Es geht nur noch darum: Was kannst du mir geben, bevor ich dir helfe? Wenn jemand zu mir kommt, frage ich immer zuerst, ob ich etwas anbieten kann, Wasser, Limo oder so, damit er sich wohlfühlt. Das habe ich von meinen Großeltern gelernt. Heute weiß offenbar kaum mehr jemand, was Gastfreundschaft bedeutet. Das ist furchtbar.«

Egoismus statt Gemeinschaft, kein rein indianisches Phänomen. Und mit den Tugenden gehen auch die Traditionen und Sprachen der Ureinwohner verloren.

»Sie sterben aus. Ich habe als Kind Navajo gelernt und verstehe es noch, aber ich spreche es nicht. Es ist eine sehr schwierige Sprache, weil ein Wort vier, fünf verschiedene Bedeutungen haben kann, in Abhängigkeit von dem Wort davor oder danach. Und meine Großeltern sprechen ein anderes Navajo als die meisten heute. Viele Wörter haben sich verändert. Wenn du in den Süden des Reservats gehst, ist die Sprache anders als im westlichen Teil, im Norden oder Osten. Das war schon immer so. Und manche Wörter lassen sich in den anderen Dialekten nicht übersetzen. Im Zentrum des Reservats aber wird noch reines Navajo gesprochen. Die Navajos am Rand sind weißer und verlieren ihre

Sprache. Mich bezeichnen sie als ›Apfel‹, außen rot, innen weiß.«

»Wie geht es dir dabei?«

»Es tut weh, aber ich hab mich daran gewöhnt, ich wurde mein ganzes Leben so genannt.«

»Siehst du dich denn auch so?«

»Nein, ich sehe mich einfach als ich. Ich spreche ein bisschen Navajo und verstehe es, aber halt nicht so gut wie die weiße Welt. Meine Tanten und meine Familie sagen, wenn du das Reservat verlässt, kommst du in eine ganz andere Welt.«

»Und was ist mit Zeremonien und Traditionen, werden die immer noch praktiziert?«

»Ja, aber es wird manchmal ein bisschen *twisted*, verfälscht. Einige Jüngere nehmen an Peyote-Zeremonien teil, nicht, um ihren Weg zu finden, wofür sie eigentlich abgehalten werden, sondern nur wegen des Peyote, sie scheren sich nicht um die Zeremonie. Sie gehen mit der falschen Einstellung da hin, wollen nur high werden und vergessen den eigentlichen Sinn: herauszufinden, wer sie sind und was sie tun sollen, ihren Weg für sich zu entdecken. Manche versuchen sogar, noch was rauszuschmuggeln und an Freunde zu verkaufen.«

Der psychoaktive Stoff einer Peyote-Zeremonie ist Meskalin, das aus Kakteen gewonnen und in der Regel oral eingenommen wird. Die Wirkung fällt ganz unterschiedlich aus und reicht von heftiger Übelkeit mit Brechreiz bis zu Halluzinationen. Seit Urzeiten spielt Meskalin eine wichtige Rolle bei verschiedenen spirituellen Zeremonien der Naturvölker.

»Ich habe nur wenig Zeit im Reservat verbracht, weil ich viel gereist bin«, erzählt mir Brian weiter. »Meine Großmutter sagte immer: ›Du bist wie ein Kolibri, der von Blume zu Blume reist.‹«

Manchmal verschwindet er für lange Zeit und taucht irgendwann wieder auf. Seine Familie habe sich mittlerweile daran gewöhnt, meint Brian.

»Ich arbeite maximal sechs Monate am Stück, dann ziehe ich wieder los, reise, um Leute kennenzulernen. Ich will auch unbedingt noch nach Deutschland und Japan.«

Schon als Kind ist Brian viel unterwegs gewesen. Mit seinem Vater, der als Stahlarbeiter auf Baustellen tätig war. Er ging in Salt Lake City zur Schule, wechselte nach Phoenix und Las Vegas, bekam gute Noten und übersprang ein paar Klassen, obwohl er überall als Außenseiter galt. Seinen Abschluss machte Brian schon mit 15, ging aufs College, um Mathematik und Maschinenbau zu studieren.

»Das war Fun. Aber als ich nach Blanding kam, ging alles den Bach runter. Ich verlor mein Selbstvertrauen, konnte keine Arbeit finden, ging nicht in die Kirche. Sie stempelten mich als *troublemaker* ab, als Störenfried.«

So harsch die Worte klingen, ich habe trotzdem den Eindruck, dass Brian mit dieser Rolle vielleicht auch ein wenig kokettiert. Am liebsten verbringt er Zeit auf der Familienranch an der Grenze zu Arizona. Erst seit Kurzem gibt es da Wasser und Strom. Das entschleunigt, sagt er.

»Das letzte Mal richtig sesshaft war ich mit meiner Exfrau, 1996 in Omaha, Nebraska. Wir haben einen Sohn. Devin ist gerade 18 geworden. Sie hat mich für einen anderen *native* verlassen, der war schlecht zu ihr und meinem Sohn.«

Brian überlegte, nach Omaha zu gehen und die Sache selbst in die Hand zu nehmen.

»Aber dann wäre ich bestimmt im Gefängnis gelandet.«

Seitdem hat er nie wieder eine Beziehung angefangen, das letzte Date liegt 18 Jahre zurück.

»Vor sechs Jahren habe ich mal eine Frau gefragt, ob sie mit mir ausgeht. Da hat sie mir über den Kopf gestreichelt, gekichert und meinte: ›Ist das nicht süß?‹ Dann ist sie weggegangen. Weiße Frauen daten keine Indianer.«

Also stürzte Brian sich in die Arbeit. Vor allem Motoren haben es ihm angetan, die er problemlos auseinanderbauen und wieder zusammensetzen kann.

»Als ich acht war, hat mein Dad mal an einem Motor gearbeitet, für das Auto einer meiner Tanten. Ich wollte ihm helfen, war neugierig, was er da machte. Er erklärte mir, wie ein Motor funktioniert, die Mechanik, da hat's bei mir ›klick‹ gemacht.«

Als Nächstes will er noch Informatik studieren und programmieren lernen, nicht nur aus eigenem Interesse. Brian teilt sein Wissen gerne, um anderen zu helfen.

»Meine Großmutter in Black Mesa hat versucht, jeden Tag etwas Neues zu machen, bis zu dem Tag, an dem sie starb. ›An dem Tag, an dem du aufhörst zu lernen, wirst du sterben‹, sagte sie immer.«

16 zusätzliche Proviantkilo sorgen für eine schweißtreibende Schinderei, als ich auf den Highway 95 abbiege. Trotz Sonntag habe ich in Blanding noch Wasser und Snacks an einer Tankstelle und in einem der wenigen geöffneten Discounter kaufen können. Das müsste eigentlich bis zur nächsten Ortschaft Hanksville in zwei Tagen reichen. Der Highway ist als *scenic byway* gekennzeichnet, weil er durch wirklich grandiose Landschaft führt. Für die Schönheiten habe ich leider kaum ein Auge. Die Pässe, über die ich jetzt klettere, wirken zwar weniger steil als zum Beispiel bei der Königsetappe, tatsächlich aber sammle ich mitunter mehr Höhenmeter an einem Tag als im Herzen der Rocky Mountains. Das nagt an der Psyche. Und als der Radständer bei einer kurzen Verschnaufpause unter der Last des Gepäcks bricht, schreie ich meinen Frust in die Weite. Nach 120 Kilometern breche ich an diesem Tag ab und schiebe das Rad ein Stück weit durch knöcheltiefen roten Sand bis zum Rand eines Felsvorsprungs. Büsche schützen hier vor Bli-

cken, perfekt für mein erstes wildes Camp der Tour. Das Zelt muss ich allerdings mit Steinen beschweren, keine Chance für die Heringe. Um Wasser zu sparen, wische ich mir den klebrigen Schweiß mit feuchten Reinigungstüchern von der Haut, ein Tipp von einer Freundin, die mich an die Babyabteilung verwiesen hatte. Bald legt sich die sternenklare Nacht über den Canyon, die letzten Autos haben den Highway längst verlassen. Ich setze mich auf die noch warmen Felsplatten, nasche an Trailmix und *beef jerky* und beobachte, wie der volle Mond hinter den Bergen aufsteigt und dabei minütlich greller strahlt. Eine laue Brise weht durchs Tal, ich kann mein Glück kaum fassen und versuche, mich ganz im Moment fallen zu lassen.

Der schönsten Nacht folgt der heißeste Tag. Je näher ich dem Colorado River komme, desto höher klettern die Temperaturen. Am Nachmittag zeigt das Display des Radcomputers unerträgliche 47 Grad. Der schwarze Asphalt des Highways reflektiert die Hitze und scheint sie dabei noch zu potenzieren. Jede Pause wird zur Qual, weil dann der zumindest etwas lindernde Fahrtwind fehlt. Wasservorräte und Sportdrinks haben ihre Temperatur längst der des Highways angepasst und erfrischen kaum noch. Trotzdem stoppe ich an der Brücke über den Colorado River, der hier als schlammiger Strom durch den Glen Canyon fließt. Die Anmut seines mythenhaft belegten Namens fehlt gänzlich, vielleicht auch, weil der Colorado zum Sinnbild der rücksichtslosen Nutzung durch den Menschen mutiert ist. Noch immer gilt er als die Lebensader des Südwestens, ohne die ganz Südkalifornien eine karge Wüste bliebe und nicht das fruchtbare Zentrum der Agrarwirtschaft wäre, die Milliarden in den Sonnenstaat pumpt. Dazu muss der Colorado aber immer wieder aufgestaut und umgeleitet werden. Trotzdem lässt die anhaltende Dürre seine vermeintlich unerschöpflichen Wasserressourcen seit Jahren bedenklich schrumpfen. Er ist zum Patienten geworden, dessen kritisch kränkelnder Zustand auch die Existenz der Metropolen Los Angeles, San Diego, Phoenix und Tucson bedroht. Der so mächtige Colorado mündet schon lange nicht mehr in den Pazifik, sondern versickert meilenweit von der Küste entfernt irgendwo in der mexikanischen Wüste. Den Durst nach Wasser und Energie aber scheinen die alarmierenden Signale noch immer nicht ausreichend zu drosseln.

Die letzten Kilometer bis Hanksville ziehen sich endlos, auch, weil zwischen den zerklüfteten Canyons keine Anzeichen der nächsten Siedlung zu erkennen sind. Unterwegs kommen mir drei andere Radler entgegen. Sie nutzen den Western Express, eine Fernradwanderroute der Adventure Cycling Association, einer gemeinnützigen Organisation, die das Radreisen in Amerika noch populärer machen möchte. Die Route führt von San Francisco bis nach Colorado, wo sie auf den Trans America Trail trifft, der dann weiter bis zur Ostküste verläuft. Trond aus Norwegen reicht mir eine noch kühle Wasserflasche, die ihm ein vorbeifahrendes Pärchen im Wohnmobil schenkte. Wir plaudern eine Weile, bevor jeder wieder seines Weges zieht. Nach über zehn Stunden Fahrt erreiche ich Hanksville und checke auf dem einzigen Campground ein. Die flimmernde Hitze scheint über dem weitläufigen Areal zu stehen. Das wird keine erholsame Nacht, fürchte ich und gönne mir im angegliederten Steakhaus ein Salat-Dinner mit Eis zum Nachtisch. In der Nähe vernehme ich deutsche Stimmen. Zwei Familien aus Sachsen campieren mit ihren gemieteten Wohnmobilen, am nächsten Tag wollen sie sicher weiter in die umliegenden Nationalparks oder nach Moab, eines der touristischen Outdoorzentren der Gegend.

Inzwischen hat die Landschaft die Farbe gewechselt und tristes Grau das leuchtende Rot der Canyons abgelöst. Unwirtlicher kann die Erde kaum wirken. Die faszinierende Andersartigkeit der Natur offenbart ihre Reize vielleicht nicht so vordergründig und atemberaubend wie der Grand Canyon oder Yosemite. Dennoch verfallen die Menschen ihr reihenweise. Die private Mars Society simuliert hier außerdem Experimente für die geplante Erforschung des Roten Planeten. Das will ich mir genauer anschauen und folge einer vagen Wegbeschreibung durch die Wüste. Ein paar Kilometer abseits vom Highway liegt, zwischen roten Hügeln versteckt, die MDRS, die Mars Desert Research Station. Seit 2001 haben sich mehr als 1000 Nachwuchswissenschaftler hier auf die Besiedlung des Mars vorbereitet. Die meisten bleiben zwei bis drei Wochen, die aktuelle Crew aber hat sich für insgesamt 80 Tage verpflichtet. Sie besteht aus sieben Mitgliedern verschiedener Nationalitäten. Commander Alexandre kommt aus Frankreich und empfängt mich in voller Montur, als ich die kleine Holztreppe zur Station besteige. Sein Raumanzug besteht aus grell orangenem Overall vom Baumarkt, Skihandschuhen und Trekkingstiefeln. Wenigstens die Plexiglashaube über seinem Kopf wirkt authentisch. Er bittet mich in die »Luftschleuse« und verschließt die schwere Tür zum Habitat, der Wohn- und Forschungseinheit. Sie erstreckt sich über zwei Etagen eines acht Meter breiten Zylinders, der irgendwie an ein umfunktioniertes Getreidesilo erinnert. Nach dem vermeintlichen Druckausgleich in der Schleuse öffnet Alexandre die Tür zur eigentlich Raumstation, wo wir unsere Helme abnehmen. Ich den Radhelm und er seine durchsichtige Kugel, die mit Schnallen am Anzug befestigt ist. Wir betreten das Laboratorium, in dem Yusuke aus Japan und Claude-Michel aus Kanada gerade dabei sind, Erdbeerpflänzchen umzutopfen. Bis zum Ende der Mission in 50 Tagen reifen an ihnen unter Kunstlicht hoffentlich schmackhafte Früchte und ergänzen den Speiseplan. Die meisten Lebensmittel wurden vom Planeten Erde importiert und eingelagert, wie mir Jon aus Australien eine Etage höher erklärt. Dort befinden sich neben der Küche auch die Schlafkammern und eine kleine

Sitzecke zum Verweilen. Am Küchentisch sitzen gerade Anushree aus Indien und Annalea aus Australien, checken E-Mails und schreiben an ihren Reporten, die sie regelmäßig posten. Anastasiya aus Russland hat Küchendienst. Heute gibt's dehydrierte Kartoffeln, die sie vorher in Wasser eingelegt hat, dazu Pilze, Sahnesauce und Erdbeer-Spinat. »Du kannst die Blätter essen und die Erdbeeren. Alles wird verwertet«, versichert mir Anastasiya. Die klassische, gefriergetrocknete Astronautennahrung in Tüten kommt nur alle paar Tage auf den Tisch, nicht als besonderer Leckerbissen, aber doch irgendwie als kulinarisches Highlight. Obwohl die Crew seit einem Monat auf engstem Raum lebt, ist von Lagerkoller nichts zu spüren. »Wir müssen die Moral hoch halten!«, fasst Commander Alexandre die Parole für alle zusammen. Damit das nicht zu schwerfällt, verbringen die Hobbyastronauten die meiste Zeit des Tages draußen in der überwältigenden Marslandschaft von Utah. Auch ich darf mit auf einen Spaziergang, muss allerdings die Regeln einhalten und mich gegen die menschenfeindliche Atmosphäre ebenfalls mit einem Raumanzug schützen. Nur die Radschuhe darf ich anlassen. »Das kann ganz schön heiß werden hier drin«, kommentiert Alexandre. »Heute Morgen war ich schon draußen, hatte mich vorher gewogen und anschließend 700 Gramm Flüssigkeit verloren.« Für ein bisschen Kühlung unter der Haube sorgt ein quaderförmiger Rucksack, der die Sauerstoffversorgung auf dem Mars simulieren soll und über batteriebetriebene Ventilatoren und zwei Schläuche unablässig Frischluft von draußen in den Helm pumpt. Wir stapfen zu dritt auf einen kleinen Lehmhügel.

»Schön hier auf dem Mars, nicht wahr?«

Ich kann Alexandre nur zustimmen.

»Von hier aus siehst du die gesamte Station mit der Wohneinheit, dem Gewächshaus, dem Observatorium und den Tunneln, die alles miteinander verbinden.«

Die überirdischen Tunnel, von denen Alexandre spricht, sind im Moment nur angedeutet und sehen aus wie die mit Folie überdachten Schlauchgänge, die manchmal bei improvisierten Empfängen zum Einsatz kommen, um die Gäste vor schlechtem Wetter zu schützen.

»Da drüben siehst du die neuen Solarpaneele, die wir gerade installiert haben. Sie ersetzen den Stromgenerator, der ja auf dem Mars gar nicht realistisch wäre.«

»Was reizt dich am Mars, Alexandre?«

»Gute Frage. Ich glaube, es ist wie bei vielen ein Kindheitstraum.«

»Und bei dir, Anastasiya? Warum willst du zum Mars?«

»Ich habe ein paar Gründe. Erstens für die Wissenschaft, weil die Forschung den Menschen auf der Erde helfen kann. Und zweitens, um die Menschheit zu bewahren. Wenn hier auf der Erde etwas passiert, werden wir immer noch Menschen auf dem Mars haben.«

»Glaubst du, dass es Leben da draußen gibt?«

»Ganz sicher sogar. Wäre ganz schön überheblich, zu denken, wir wären die einzige intelligente Zivilisation.«

»Warum interessierst du dich für all das?«

»Ich wollte schon als Kind Kosmonautin werden, weil Russland ja die Heimat der Raumfahrt ist. Und diese Erfahrung bringt mich meinem Traum ein Stück näher. Es ist einfach fantastisch.«

»Bist du bereit, zum Mars zu fliegen?«

»Wer will das nicht?«

»Na ja, ich bin mir zum Beispiel nicht so sicher. Ich find's hier auf der Erde eigentlich ganz schön. Werdet ihr nicht das ganze Grün vermissen?«

»In ein paar Hundert Jahren können wir es auf dem Mars auch grün haben«, versucht Anastasiya, meine Zweifel zu besänftigen. »Mir gefällt es hier auch, aber wir müssen uns weiterentwickeln. Ich jedenfalls bin bereit!«

2023 könnte es für Anastasiya und die anderen so weit sein. Wenn die Mars Society bis dahin genug Geld gesammelt hat, um die Werkstattoveralls gegen richtige Raumanzüge zu tauschen. Bin gespannt, wer das Rennen zum Roten Planeten gewinnt, die NASA oder doch die netten Nerds in Utah, die etwaige Ausrüstungsdefizite mit ihrer Leidenschaft locker wieder wettmachen werden. Ich drücke ihnen die Daumen.

"I look at this hard place as an opportunity
to grow as an individual. And I love it!"

Randy Ramsley, Caineville, UT

Als ich ein paar Kilometer weiterfahre, überraschen mich zwischen den menschenfeindlichen Tafelbergen saftiggrüne Felder und Weiden, auf denen Kühe grasen. Bei Caineville stoppe ich links der Straße am Mesa Market, einer kleinen Holzhütte, vor der ein selbst gemaltes Holzschild verheißungsvoll auf die Bäckerei verweist. Seit Tagen habe ich kein Brot mehr finden können, das diese Bezeichnung auch verdient. An der sorgfältig mit Fliegengittern verkleideten *porch* baumeln vier bunte Blumenkästen und locken die Gäste zum schattigen Verweilen in die gemütlichen Korbsessel. »What's up?«, erkundigt sich ein drahtiges Männlein mit schneeweißen Haaren gleichzeitig nach meinem Befinden und dem Grund des Besuchs. Nach kurzem Small Talk widme ich mich dem übersichtlichen Holzregal im kleinen Verkaufsraum. Neben runden Brotlaiben und selbst gebackenen Zimtschnecken stapeln sich Plastiktütchen mit getrockneten Apfelschnipseln und ätherische Duftöle in blauen Dosierfläschchen. Am Boden stehen Plastikwannen voller frisch gepflückter Äpfel, Tomaten und Paprika. Auf der Menütafel hinter der Theke werden außerdem Biokaffee, Ziegenkäse, Joghurt und Pesto angeboten. Ein Paradies für Durchreisende, die sich sonst mit Fast Food und industriell gefertigtem Junk begnügen müssen.

Randy Ramsley aus South Dakota hat diese Oase der Fruchtbarkeit inmitten der Wüste geschaffen. Vor Jahren gelangte er zufällig in dieses Tal, weil die Hauptstraße gesperrt war und er mit einem Freund auf dem Weg zum Wandern die Umgehung fahren musste. »Ich dachte sofort: ›Wow! Ein toller Platz für eine Farm, wenn nur der Boden nicht so trostlos wäre.‹ Kurz darauf fuhren wir an einem wunderschönen, blühenden Garten vorbei.« Randy wandte sich umgehend an eine Maklerin, die ihm zunächst wenig Hoffnung machte. Ein paar Wochen später rief sie an und bot ihm 20 Hektar Land an, durch das sogar ein Fluss läuft.

»Schicksal oder Zufall? Keine Ahnung, aber ich liebe es hier!« An der Schönheit der Landschaft kann er sich auch nach all den Jahren nicht sattsehen. »Jeder Tag ist anders, der Himmel, die Mesas. Licht und Schatten ändern sich ständig und tauchen die Natur in immer neue Farben. Einfach ein toller, friedlicher Ort!« Der Anfang vor 20 Jahren allerdings war hart für den Einzelkämpfer. Alles Wissen hat er sich angelesen, viel experimentiert. Was nicht funktionierte, wurde verworfen, Neues ausprobiert. Dabei halfen ihm seine Beobachtungsgabe und Beharrlichkeit.

»Als kleiner Farmer fehlen dir oft die Möglichkeiten, gutes Land zu kaufen, das haben längst die großen Industrieerzeuger für sich in Anspruch genommen. Also musst du dich mit den Rändern begnügen, wo der Boden meist nichts hergibt. Ich habe mit nicht viel mehr als 2000 Dollar, einer Ackerfräse und ein paar anderen Handwerkzeugen angefangen.« Mit Fleiß, Geduld und Ackerklee als Zwischenfrucht gelang es Randy, der Erde erst Nährstoffe zuzuführen und dem kargen Land anschließend schmackhafte Salate, Gemüse und Obst abzutrotzen und an Touristen, Restaurants und Einheimische zu verkaufen. Von dem Geld schaffte er sich Ziegen an, aus deren Milch er nun Joghurt, Quark und Käse herstellt und ihren Mist als Dünger auf den Feldern verteilt. Dabei geht er nach organischen Prinzipien vor und setzt auf nachhaltige Landwirtschaft, sieht sich aber nicht als Biobauer, weil der Begriff längst von der »Industriemafia« verwässert sei. Außerdem seien Labels überflüssig, solange man als Verbraucher wisse, woher das Essen stammte.

»Ich hatte schon immer die Vision, eine Farm nachhaltig zu bewirtschaften, ohne die Rohstoffe aufzubrauchen oder die Umwelt zu verschmutzen.«

»Glaubst du, das wird den Planeten retten?«

»Nur so können wir den Planeten retten. Wir brauchen Millionen und Abermillionen Kleinbauern, die nachhaltige Lebensmittel produzieren. Das rettet nicht nur den Planeten, es schmeckt auch besser. Hier, probier mal den Käse.«

Randy schneidet ein Stück vom Laib, den er vorher aus dem Kühlschrank genommen hat. Ich zögere, denn eigentlich stehe ich nicht so auf Ziegenkäse. Aber Randys Käse ist tatsächlich anders, wie ich schnell feststelle. Perfekte Konsistenz, guter Geschmack und keine Spur von Ziege.

»Der sollte auch nicht nach Ziege schmecken«, erwidert er auf mein Lob. »Industrieziegen machen Käse, der nach Ziege schmeckt.«

Mittlerweile wird Randys Käse auch in Pasadena, Kalifornien, und in Salt Lake City verkauft, wo die Menschen besonderen Wert auf gesunde Ernährung und gute Lebensmittel legen, ergänzt er sichtlich stolz.

Gelegentlich unterstützen ihn ein paar Helfer, die sich für ein Praktikum auf der Farm entscheiden, trotzdem bleiben die Tage lang, vor allem zwischen März und November.

»Von Sonnenaufgang bis zum Untergang kommen da locker 16 Stunden zusammen, täglich. Aber mein Leben in Arbeit und Freizeit zu trennen, das geht nicht. Mein Leben ist mein Leben. Und ich fühle mich jetzt mit 62 fitter als vor 20 Jahren, als ich in einem Büro Küchen entworfen habe.« Heute will Randy die Jungtiere seiner Ziegenherde holen. In den letzten Monaten hat er sie auf einer nahen Weide gehalten und gestern schon in einem Gehege zusammengepfercht. Ich biete meine Hilfe an. Gemeinsam rüsten wir seinen alten Truck auf, hieven erst eine Kabinenabdeckung auf die Ladefläche und schieben anschließend Sperrholzplatten als provisorisches Gatter davor. Über den Highway erreichen wir nach wenigen Metern eine zweite Einfahrt, die uns zu den Ziegen bringt. Randy parkt den Truck rückwärts direkt vor dem Gehege und instruiert mich und seine Freundin, die gerade aus Kalifornien zu Besuch ist und ebenfalls hilft.

»Du und Dirk, ihr seid an den Türen, und ich greif mir die Ziegen und bugsiere sie rüber.« Die wichtigste Unterstützung aber kommt von Zeal, Randys bestens trainiertem Border Collie. Die beiden sind ein eingespieltes Team und stürzen sich sofort ins Getümmel. Ein gutes Dutzend Ziegen muss verladen werden. Randy greift sie einzeln bei den Hörner und zieht, schleift, schiebt oder trägt sie zum Gatter, das wir dann kurz öffnen und die Tiere gemeinsam auf die geschlossene Ladefläche des Trucks wuchten. Bei besonders bockigen Böcken spielt Zeal seine ganze Erfahrung aus und treibt sie unter Minimaleinsatz geradezu spielerisch in Randys Arme. Schon nach einer halben Stunde sind wir wieder auf dem Rückweg zur Hauptweide. Hier warten die älteren Tiere auf den Rest der Großfamilie.

»Die Jungtiere sind jetzt wahrscheinlich trächtig und werden im nächsten Frühjahr werfen«, erklärt mir Randy. »Dann werden sie Teil unserer Milchherde sein. Die Herde wird ständig verjüngt. Also werde ich morgen einige ältere Tiere zum Schlachten bringen, und die hier werden sie ersetzen.«

Seit Tagen kann Randy deshalb nicht schlafen, schließlich seien die Tiere seine Freunde.

»Das fällt mir nicht leicht. Seit fünf, sechs Jahren sind sie jetzt bei mir, ich hab jeden Morgen mit ihnen zu tun, melke sie, ich kenne jedes Tier. Nicht leicht, aber so ist der Kreislauf des Lebens. Ich könnte sie an Altersschwäche sterben lassen, aber wofür wäre das gut? Es macht doch mehr Sinn, sie versorgen mich mit guter Nahrung und stärken meinen Körper. Wir brauchen einen ganzheitlichen Ansatz: gesunder Körper, gesunder Geist. Nur so lässt sich das Leben wirklich intensiv erfahren.«

Randy beschäftigt sich neben der Farm viel mit Spiritualität, studiert buddhistische Schriften und sieht im Leben eine immerwährende Herausforderung. Wenn man sie annimmt, kann man daraus Kraft schöpfen. Im letzten Sommer hat es ihn ziemlich gebeutelt – mal wieder. Sintflutartige Regenfälle spülten mehr als einen halben Meter Sand und Schlamm aus den Bergen auf die Felder. Jahre wird es dauern, sich davon zu erholen, schätzt Randy und scherzt ohne einen Hauch von Trübsal oder gar Resignation: »Das Klagelied des Farmers. Klar ist das frustrierend, aber da hilft nur Weitermachen. Wer vom Land lebt, muss eben auch mit den Naturgewalten fertigwerden. Da bist du machtlos. Schicksalsschläge sind auch jedes Mal eine großartige Gelegenheit, als Persönlichkeit zu wachsen! Das ist wie mit Nahrung, die du gut verdauen musst. Wenn dir das gelingt, kannst du daraus Kraft schöpfen, wenn nicht, verlierst du.« Ein hehrer Gedanke, der mir bei meinen anstehenden Herausforderungen zumindest Trost spenden könnte. Ich decke mich noch mit Brot und Obst ein, bevor es zurück auf den heißen Highway und weiter in die nächsten Berge geht.

Die Herausforderungen beschränken sich im Moment weitgehend auf Wetterkapriolen wie brachiale Hagelstürme, die die Macht der Naturgewalten offenbaren. Über dem weiten Land sind Schlechtwetterfronten meist schon lange vorher zu erkennen. Manchmal ziehen sie nur ein paar Kilometer vor mir her, und ich bleibe verschont. Einmal erwischt es mich dann aber doch. Ich habe gerade meine Einkäufe erledigt und will weiterradeln, als der Sturm beginnt. Erst erwischt mich ein Platzregen, dann folgt ein heftiger Hagelschauer – innerhalb von Minuten verwandelt sich der Straßenrand in einen reißenden Sturzbach. Eine gute Stunde harre ich unter dem ausladenden Dach einer Tankstelle aus. Ein Pärchen, das mit dem Motorrad unterwegs ist, gesellt sich zu mir. Während die beiden ihre Regenkleidung anlegen, kommen wir ins Gespräch. Er ist Deutscher, sie Amerikanerin, eigentlich wollen sie weiter in die umliegenden Nationalparks, ändern aber nun ihre Route, um nicht auf den hohen Pässen vom Unwetter überrascht zu werden, das sich dort ganz sicher als Schneesturm entlädt. Als nach einer guten Stunde der Spuk vorbei ist, testet die Frau für mich mit ihren wasserdichten Bikerboots noch die Tiefe des Wassergrabens, bevor wir uns verabschieden und weiterfahren.

Die Amerikaner hegen eine innige, stolze Liebe zu ihren Nationalparks. In der relativ spärlichen Freizeit ziehen sie mit RV, Wohnwagen und Zelt raus in die Wildnis, brutzeln Steaks auf dem Gasgrill, fischen mit den Sprösslingen nach Barschen und fühlen sich am Ende des abenteuerlichen Tages mit einem kühlen Dosenbier vorm Lagerfeuer ein bisschen wie die beiden Entdecker Lewis und Clark, die im Auftrag des Präsidenten vor über 200 Jahren den unbekannten Westen erkundeten. Um dieses Naturerleben für die Nachwelt zu garantieren, wurde schon frühzeitig die Idee der Nationalparks geboren, Refugien für Flora und

Fauna, in denen die unstillbare Gier des Menschen nach Land und Ressourcen zumindest nur unter erschwerten Bedingungen befriedigt werden kann. Yellowstone in Wyoming machte 1872 als weltweiter Vorreiter den Anfang. Inzwischen verfügen die USA über 59 solcher Schutzgebiete, deren Landfläche zusammengenommen fast so groß ist wie die der Bundesrepublik.

Nach dem Shenandoah Park am Anfang meiner Reise erreiche ich nun mit dem Capitol Reef den zweiten Nationalpark auf meiner Route. Er ist so was wie ein Underdog oder Geheimtipp im mit spektakulären Naturwundern reich gesegneten Südwesten. Durchschnittlich rund 650 000 Besucher erkunden ihn jährlich. Spitzenreiter ist unangefochten der Great Smoky Mountains National-Park in North Carolina und Tennessee mit mehr als elf Millionen Gästen, weil er strategisch günstig im Einzugsgebiet der großen Ostküstenmetropolen liegt. Aber auch der Grand Canyon in Arizona, der Yosemite in Kalifornien oder der schon erwähnte Yellowstone ziehen mit drei bis vier Millionen Besuchern deutlich mehr an als der Capitol Reef. Mir ist es recht, denn durch den Park führt nur ein schmaler, zweispuriger Highway. Zwischen den Steilwänden links und rechts der Straße schlängelt sich parallel der Fremont River und gluckst fast spielerisch über Felsbrocken und Sandbänke. Weitet sich der Canyon ein wenig, flankieren Pappeln seine Ufer und verleihen der Szenerie eine vertraute

Beschaulichkeit. Dann rolle ich durch einen Taleinschnitt, den Obsthaine säumen. Sie wurden einst von den Mormonen angelegt, die hier wie in einer verwunschenen Welt siedelten. Ich stoppe am Visitor Center, ziehe mir am Getränkeautomaten eine eiskalte Cola und erkunde dann den erfrischend klimatisierten Ausstellungsbereich. Zu gerne würde ich den Waterpocket Fold besuchen, eine monumentale Gesteinsfalte, in der sich auch der besonders imposante Abschnitt befindet, der dem Park den Namen gab, weil seine Formationen an das amerikanische Capitol erinnern sollen. Die Region ist allerdings nur mit Allrad zugänglich und zu weit abgelegen. Beim nächsten Besuch, den ich mir fest vornehme.

VII. Auf Amerikas einsamster Straße

Von Nevada nach Kalifornien

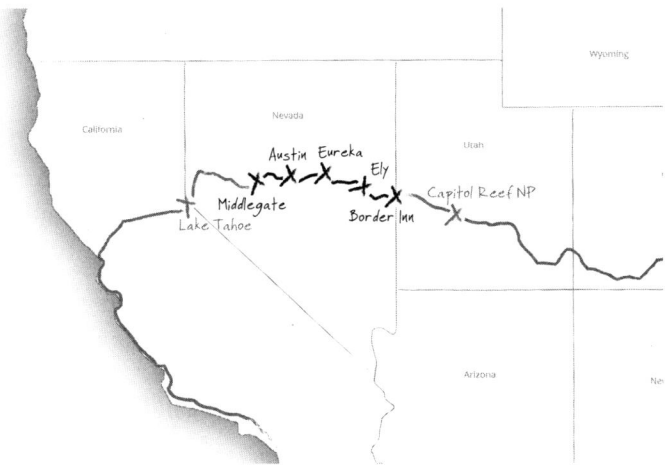

Joggingschuhe, Wanderstiefel, Badelatschen, ja sogar ein paar ausgemusterte Skischuhe baumeln an den schlanken Ästen. Und dabei ist der Baum längst tot, aber auch der einzige weit und breit, und allein deshalb schon prädestiniert, einem höheren, schöngeistigen Zweck zu dienen. Schönheit liegt allerdings wie so oft im Auge des Betrachters, der womöglich beim Anblick des »Kahler-Baum-viele-Schuhe-Arrangements« verständnislos den Kopf schütteln mag. Ich hingegen grinse amüsiert und freue mich über dieses unerwartete Déjà-vu. Für die Redakteure von roadsideamerica.com, einer Website, die über außergewöhnliche Sehenswürdigkeiten entlang der Highways berichtet, sind *shoe trees* gar die Verkörperung des amerikanischen Geistes. Welchen Geistes wird zwar nicht näher ausgeführt, aber die Tatsache, dass sich Dutzende dieser unkonventionellen »Kunstwerke« aufs ganze Land verteilen, belegt die universelle Attraktivität des Konzeptes. Auch wenn es keiner genau erklären kann. Meinen ersten Schuhbaum sah ich bei meiner Amerikaumrundung auf dem Rad mitten in der kalifornischen Wüste, ein besonders prächtiges Exemplar, dessen Äste der Last der vielen Treter nur mühsam standhielten. Unter ungeklärten Umständen fiel der Baum dann einem fiesen Feuerattentat zum Opfer. Traurige Fans, die ihm regelmäßig mit ihren Harleys einen

Besuch abstatteten, sprachen anschließend sogar von
»Mord« und äußerten ihren Unmut vorbehaltlos auf verschiedenen Internetplattformen. Auch der einst vermeintlich größte Schuhbaum der Welt starb eines unnatürlichen Todes. Unbekannte Vandalen fällten ihn nächtens mit einer gemeinen Motorsäge. Er hatte keine Chance und muss wohl auf der Stelle tot gewesen sein. Hunderte von Gästen sollen einem Trauergottesdienst beigewohnt haben, um dem legendären Exemplar die letzte Ehre zu erweisen. Ein prominenter indianischer Teilnehmer nannte ihn einen »gefallenen Bruder«, die Besitzerin eine nahen Kneipe ergänzte sichtlich gerührt: »Wir haben hier keine Helden. Der Baum war unser Held.« Interessanterweise ereigneten sich diese tragischen Geschehnisse in Middlegate, Nevada, einer Wüstentankstelle am Highway 50, auf dem ich gerade nach Westen radle. Wenn alles gut geht, kann ich mir dort in fünf Tagen selbst ein Bild machen. Im Vergleich zu dem gefällten Giganten, der bis zu seiner »Ermordung« rund 20 Meter in den Himmel ragte, wirkt das Exemplar, vor dem ich gerade stoppe, regelrecht mickrig, das Schuhkleid noch schütter, die Äste gebrechlich. Aber das kann ja noch werden, denke ich und steige nach ein paar Fotos wieder aufs Rad. Der Baum ist das letzte Zeichen von Zivilisation für die nächsten 80 Meilen, von gelegentlichen Stromleitungen mal abgesehen. Für mich läutet er den Beginn des einsamen Abschnitts der Reise ein.

Die Route 66 mag vielleicht die legendärste Straße Amerikas sein, aber der Highway 50 wird in Nevada mit ähnlicher Inbrunst vermarktet wie die Mother Road von Chicago nach Santa Monica. Und dabei beginnt der 50er unspektakulär als zwar wichtige, aber auch eher funktionale Ost-West-Verbindung durch die USA. Knapp 4900 Kilometer legt er ohne große Schnörkel oder Umwege zwischen Ocean City, Maryland, am Atlantik bis Sacramento in Kalifornien zurück. Im Wüstenstaat Nevada hingegen setzt er einen schillernden Akzent in die monotone Landschaft und trägt dort den Titel als »America's loneliest road«. Den verlieh dem Highway die Zeitschrift Life in einem Artikel aus den 1980er-Jahren, in dem der Automobilclub AAA riet, den 50er unbedingt zu meiden. Es gebe nichts zu sehen und nur Abenteurer mit Survivalskills hätten hier etwas verloren. Ein gefundenes Fressen für die Werbestrategen der zuständigen Tourismusbehörde, die den Highway 50 sofort als Flaggschiff einer Promotionkampagne nutzte. Den Wagemut, auf ihm entgegen aller Warnungen unterwegs gewesen zu sein, kann man mittlerweile sogar dokumentieren lassen. An verschiedenen Stellen entlang der Route kann man sich per Stempel belegen lassen, dass man es am Ende hoffentlich doch geschafft hat, und bekommt vom Gouverneur eine liebevoll kopierte Urkunde.

In Salina, Utah, kehre ich zurück auf den Highway 50. Weiter östlich bin ich in den letzten Wochen auch schon hin und wieder auf ihm geradelt. Bei der Abfahrt aus den Bergen bis hierher stürze ich regelrecht zu Tal und verliere insgesamt 800 Höhenmeter an diesem Tag, die ich bei den nächsten Etappen aber mehrmals wieder hinaufstrampeln werde. Meine Zeltnachbarn auf dem Campingplatz in Salina schenken mir am Abend Granola, Trauben, Snickers und am Morgen noch mal Käse und Pfirsiche. Ich interpretiere die nette Geste als eine Mischung aus Mitleid und Fürsorge, schließlich geben sie sich als praktizierende Mormonen zu erkennen. Von Salina aus bringt mich der Highway 50 am nächsten Tag bis nach Delta. Endlich komme ich mal zeitig los. In den letzten Wochen hat sich wieder ein Rhythmus eingestellt, den ich schon von anderen Reisen kenne. Ich wache zwischen sieben und acht auf, dusche, verpacke die Ausrüstung, belade das Rad und mache mich auf die Suche nach Frühstück. Die Einkäufe im Supermarkt ziehen sich dann, weil die Vielfalt und Präsentation etwas Heimeliges vorgaukelt, ein Stück behütete Zivilisation, bevor es wieder raus geht auf die raue Straße, den Elementen schutzlos ausgeliefert. Viele solcher Läden in den USA verfügen außerdem über Internet, das man kostenlos nutzen kann. Also checke ich bei Kaffee und Bagel in der kleinen Sitzecke neben der integrierten Starbucksfiliale noch schnell die Mails, und schwups, ist es elf Uhr, und ich bin noch keinen Kilometer vorangekommen. Den Rest des Tages verbringe ich also mit Aufholen, Streckemachen, pausiere aber für ein lohnendes Fotomotiv und ein paar Snack- und Getränkepausen mit stets folgendem Austreten im Gebüsch, sofern eins vorhanden ist. Weiter geht's bis zum Sonnenuntergang oder Erreichen eines angepeilten Campground. Die sind auf den Karten aus meinem Straßenatlas übersichtlich markiert, wenn es sich um State- oder Nationalparks handelt. Andernfalls suche ich im Internet vorher nach einer passenden Option, baue nach der Ankunft mein Zelt auf und suche wieder nach Essen. Im Grunde lebe ich wie unsere nomadischen Vorfahren, wo es auch ständig um Essen und Weiterziehen ging. Vielleicht erklärt das auch meine Begeisterung fürs ständige Unterwegssein. Es wurde mir quasi in die DNA programmiert. Ich kann also gar nichts dafür, sondern folge nur einem urzeitlichen Instinkt. Zum Glück muss ich mir die Nahrung nicht mehr erjagen.

Im *Rancher Motel & Café* in Delta bestelle ich am Abend das Tagesmenü, Enchilada-Platte mit Salatbuffet und radle anschließend zurück zum RV Park am Ortsende, wo ich für meine Verhältnisse früh um 18 Uhr das Zelt aufgeschlagen habe. Ein bisschen mulmig ist mir schon, als ich am nächsten Morgen aufbreche. Vor mir liegen 400 ziemlich einsame Meilen durch die weite Hochwüste Nevadas, unterbrochen von nur drei kleinen Örtchen. An der *state line* zwischen Utah und Nevada liegt das *Border Inn*, eine rustikale Tankstelle mit Motel und RV Park. Mein Ziel für heute – wenn alles gut geht.

Nach ein paar Fotos am Schuhbaum hinter Delta führt der Highway 50 wie ein endloses Band aus Asphalt schnurstracks nach Südwesten. Linker Hand erkenne ich Sevier Lake, einen ausgetrockneten See, dessen Oberfläche so trügerisch in der Hitze reflektiert, dass ich schwören könnte, er sei voller Wasser. Dann folgt ein ewiger Anstieg über den ersten von mehr als einem Dutzend Pässen in Nevadas Great Basin. Das riesige Trockengebiet erstreckt sich bis zu den kalifornischen Bergen der Sierra Nevada und sorgt für ein stetes Auf und Ab, ähnlich wie in den Appalachen im Osten, allerdings deutlich langwieriger. Stundenlangen Anstiegen folgen kilometerlange Abfahrten bis zum nächsten Bergkamm, den ich überqueren muss. Ebene Passagen fehlen gänzlich, was Kondition und Demut gleichermaßen fordert. Und trotzdem, oder vielleicht auch genau deshalb, wird die Etappe auf dem Highway 50 für mich die intensivste und schönste der gesamten Reise.

Seit Branson vor über drei Wochen hatte ich keinen Pausentag mehr und spüre endlich, wie der Körper sich an die Belastung gewöhnt hat. Die Berge der letzten Wochen haben die Pfunde schmelzen lassen, und auch das lädierte Knie hat sich offenbar an die Belastung gewöhnt und macht schon seit Tagen jede Steigung ohne Probleme mit.

»Don't stay so focused on the finish line, that you forget to enjoy the actual journey!«, konzentriere dich nicht so sehr auf die Ziellinie, dass du vergisst, die eigentliche Reise zu genießen. Highways inspirieren zum Philosophieren. Davon zeugen hingekritzelte Weisheiten auf Tankstellentoiletten wie die obige, unzählige Songtexte und Dialoge aus nicht minder zahlreichen Roadmovies. Letztlich geht es immer irgendwie um die vertraute Erkenntnis, dass der Weg das Ziel ist und nur der Moment zählt. Nicht die Vergangenheit, nicht die Zukunft, nur das Hier und Jetzt. Im hektischen Alltag verdrängen wir die Sehnsucht danach nur zu leicht und wünschen uns doch nichts so sehr. Vielleicht faszinieren uns Amerikas endlose Straßen deshalb so, weil hier Zeit und Raum keine Rolle zu spielen scheinen und wir uns einfach treiben lassen können. Die Landschaft ändert sich kaum, der Blick schweift ungehindert über die Weite, kein Grund anzuhalten, solange noch Sprit im Tank ist. Oder der Wasservorrat auf dem Rad nicht ausgeht. Damit mir das nicht passiert, habe ich vorgesorgt und ein kleines Kartonschild hinten mit Gurten befestigt: »Got H_2O?«, habe ich mit schwarzem Filzer draufgeschrieben, auf Empfehlung eines Ladenbesitzers in Colorado, wo ich meine Vorräte aufgestockt hatte. Schon bald zeigt es Wirkung. Ein Trucker überholt mich auf dem 50er, bremst seinen Sattelzug, kommt eine Meile vor mir zum Stehen und stellt eine Flasche Wasser auf den Seitenstreifen, bevor er seine Fahrt fortsetzt. Ich brauche eine paar Minuten, bis ich die Stelle erreiche, um mein unerwartetes Geschenk verdutzt und dankbar anzunehmen.

Nach Stunden der Plackerei entdecke ich unter dem inzwischen wolkenverhangenen Himmel die Lichter des *Border Inn*. Zum Greifen nah, und doch dauert es noch gut anderthalb heftige Stunden im Gegenwind, bis ich mein Tagesziel in der Dunkelheit erreiche. Kurz nach 21 Uhr. Für fünf Dollar darf ich mein Zelt auf den schlichten RV Park hinterm Hauptgebäude stellen. Der Boden ist steinhart, selbst mit Hammer kriege ich kaum einen Hering weit genug hinein, um das Zelt zu spannen, und behelfe mir mit größeren Steinen, um die ich die Abspannleinen wickle und ausrichte. Der Wind hat sich inzwischen zum Wüstensturm entwickelt, was den Aufbau zusätzlich erschwert. Erschöpft schleppe ich mich in den Restaurantteil des *Border Inn* und bestelle ein Chili. Ich giere nach der Anstrengung der Tagesetappe wieder nach Salz. Auf das scheint der Koch aber heute weitgehend verzichtet zu haben, genauso wie auf alle anderen Zutaten, die ein Chili potenziell lecker machen könnten. Lustlos löffle ich die lauwarme Bohnensuppenpampe und bestelle mir zur Versöhnung anschließend noch ein Stück Kuchen mit Eis. Als ich zu meinem Zelt zurückkehre, finde ich es, vom Wind verblasen, auf dem Boden flatternd. Wie gut, dass ich einige Abspannleinen am Campingtisch meines Stellplatzes befestigt hatte. Sonst wäre meine Behausung genauso verschwunden wie die Unterlegplane, die ich erst nach einer Weile Suchen mit Stirnlampe auf der anderen Seite des Highways in den Büschen finde.

Zum Glück legt sich der Sturm über Nacht, der Himmel bleibt bedeckt, ideale Bedingungen für meine nächste Etappe nach Ely.

Mit gut 4000 Einwohnern wirkt der Ort fast schon wie eine Metropole in der Einöde. Der Grundstein wurde 1860 gelegt, als hier eine Pony-Express-Station existierte, auf der die heldenhaften Postreiter Zwischenstopps einlegen konnten. Später fand man in den umliegenden Bergen Kupfer, was für einen Zuwanderungsstrom sorgte. Im historischen *Nevada Hotel* an der Hauptstraße, 1929 erbaut und damals das mit sechs Stockwerken höchste Gebäude im Staat, stiegen bis Mitte des 20. Jahrhunderts die Promis ab.

Lange Zeit wurde das *Nevada* von Hubertus Woywod geführt, einem deutschen Auswanderer, den es aus der westfälischen Provinz in die Wüste Nevadas verschlagen hat. Ich treffe ihn am Tag nach meiner Ankunft in Ely in der Hotellobby. Als Kind kam Bert, wie sie ihn hier nennen, mit der Familie aus Minden erst nach Kanada und später nach Los Angeles.

»Da bin ich für zwei Jahre auf die Universität und habe viele *speeding tickets* gekriegt, Strafzettel für zu schnelles Fahren. In Nevada gab es damals kein *speed limit*. Also bin ich

"Everybody in the state of Nevada knows the Hotel Nevada."

Hubertus Woywod, Ely, NV

nach Las Vegas gezogen, tagsüber war ich auf der Uni, und abends habe ich im Casino gearbeitet. Das habe ich fast 20 Jahre lang gemacht.«

Das *Nevada* hat Hubertus 1993 gekauft, besitzt aber auch noch ein Haus in Las Vegas und pendelt jetzt. Seine Frau und Kinder leben dort.

»Hier nach Ely kam ich früher schon mit meinem Vater, der war Kreisjägermeister nach dem Zweiten Weltkrieg. Wir haben hier gejagt und gefischt. Und wenn wir nach ein paar Tagen eine Dusche brauchten, sind wir im *Hotel Nevada* abgestiegen.«

Als das Hotel Jahre später zum Verkauf stand, hat Hubertus zugeschlagen.

»Ich bin, glaube ich, der einzige Deutsche, der ein *casino owner* ist. Es ist nicht leicht, ein Casino zu betreiben. Aber ich mache mein Geld hier, und deshalb bin ich hier.«

Das klingt pragmatisch, denn ursprünglich wollte Hubertus gar nicht mehr arbeiten. Er hatte in Las Vegas genug Geld gemacht, aber für einen Ruhestand war es noch zu früh. Und so entschied er sich kurzerhand für das Abenteuer »*Hotel Nevada*«.

»Es war einst nicht nur das höchste Gebäude in Nevada, sondern auch das erste feuersichere, gebaut mitten in der Großen Depression. Politiker und Filmstars sind hier auf dem Weg nach Sun Valley, Idaho, abgestiegen, wo sie Ski laufen wollten.«

Präsident Lyndon B. Johnson, Autor Stephen King oder Hollywoodlegenden wie Gary Cooper und Ingrid Bergman haben im *Nevada* genächtigt, wie der eigens angelegte Walk of Fame vor dem Eingang beweist. Dort zieren ähnlich wie in Hollywood Tafeln mit Sternen und den Namen der Promis den Gehweg. Die insgesamt 63 Zimmer sind kürzlich renoviert worden und mit durchschnittlich 50 Dollar die Nacht äußerst erschwinglich. Wie bei allen Casinos in Nevada bleiben die Preise fürs Übernachten und im angegliederten Restaurant moderat, damit die Gäste noch genug Geld haben, das sie im Casino ausgeben können. Das ist der eigentliche *moneymaker*.

»Alles, was ich in Las Vegas gelernt habe, musste ich hier erst mal wieder über Bord werfen. Wenn du Leute einstellst, nimmst du den Mann, seine Frau, den Bruder, die Schwester. Die Auswahl an potenziellen Mitarbeitern ist nicht groß. Wenn du dann jemanden feuerst, sind gleich 15 andere sauer auf dich, weil sie alle verwandt sind. Das macht es nicht einfach. Aber ich habe noch eine Ranch 30 Meilen vor der Stadt, mit ein paar Kühen, Lamas und Eseln. Das lenkt mich ab.«

Schräg gegenüber vom *Hotel Nevada* liegt das Studio der einzigen Radiostation weit und breit. KDSS sendet seit 20 Jahren, meistens Country, am Wochenende auch Classic Rock. Das passt perfekt zur Landschaft. Knapp 100 Kilometer vor Ely konnte ich die Kopfhörer endlich wieder ins Ohr stöpseln und mein kleines UKW-Radio einschalten. Weiter reicht der Empfang in den Bergen kaum. Dafür hebt sich KDSS erfrischend vom Einheitsbrei der Formatradiosender ab, die den ganzen Tag die ewig selben Songs dudeln, zentral programmiert für alle Stationen eines Medienkonglomerats. Zwischendrin leiern farblose Moderatoren stereotype Slogans ins Mikro und klingen überall gleich, egal, ob man in Albuquerque, New Mexico oder Duluth, Minnesota, zuhört. Unerträglich. Der Tod des Radios. KDSS macht da nicht mit. Der kleine Sender wird privat geführt, von Karen Livingston und ihrem Mann. »Meine Eltern haben den Sender betrieben und fragten, ob ich nicht Lust hätte einzusteigen. Also sind wir umgezogen – von Las Vegas hierher, mit der ganzen Familie.« Kurz darauf verstarb der Vater, und nur zwei Jahre später auch die Stiefmutter, erzählt mir Karen, als ich dem Sender einen kurzen Besuch abstatte. »Was sollte ich tun? Ich hab ja nicht die gesamte Familie hierhergebracht, um dann gleich wieder aufzugeben. Also haben wir übernommen.« Die Umstellung von der Metropole auf die Kleinstadt fiel vor allem den beiden Söhnen anfangs nicht leicht. »Das war ein kleiner Kulturschock, es dauerte eine Weile, bis mein Ältester überwunden hat, dass er nicht rund um die Uhr zu Walmart kann oder es jede Menge Geschäfte gibt, wo er seine Computerspiele kaufen kann. Aber die Schulen hier sind einfach besser, sie kümmern sich wirklich um die einzelnen Kinder und wenden sich nicht nur an die gesamte Klasse. Davon haben meine Kinder sehr profitiert.« Karen managt die Radiostation nicht nur, sie akquiriert auch Werbekunden, spült das Geschirr und moderiert gemeinsam mit Kollegin und Freundin Jodi Foster (nein, nicht die ;-)) die werktägliche »Mountain Morning Show«.

»Es fällt mir schwer, zu sagen, ich verdiene mein Geld mit Sprechen, weil's immer noch komisch ist, ein Mikro mitten im Gesicht zu haben. Aber ich liebe die Gemeinschaft hier in der Stadt, und es ist toll, ein Teil von ihr zu sein.«

Deshalb sind Hörerwünsche auch zentraler Teil des Sendekonzepts von KDSS. Und Durchsagen, die sich die größeren *syndicated stations*, die zu einem Netzwerk eines Medienkonzerns gehören, nicht leisten können oder wollen.

»Wir helfen gerne, entlaufene Hunde und Katzen unserer Hörer zu suchen oder Essen und Kleider zu sammeln.«

Finanzieren muss sich KDSS wie die meisten anderen Sender auch über Werbeeinnahmen. Und weil die großen Konzerne meist kein Interesse haben, in kleinen Märkten wie auf dem Land Spots zu schalten, setzt Karen auf lokale Geschäfte und Unternehmer. Wie viele Hörer täglich tatsächlich einschalten, lässt sich schwer ermitteln.

»Wir schätzen, dass wir mindestens 19 000 Menschen im Einzugsgebiet erreichen. Wir haben einen Kapazität von 100 000 Watt Sendeleistung, wobei meine Lizenz für 33 000 gilt. Und daran halten wir uns auch.«

Manchmal hupen die Hörer, wenn sie vor dem Studio vorbeifahren, als Gruß. Das freut Karen genauso wie die vielen Reisenden, die auf dem Highway 50 durch Ely kommen und zufällig einschalten. »Trucker, Touristen, manche geben uns ein Feedback über Facebook. Andere besuchen uns, so wie du. Wir hatten hier Leute, die quer durch Amerika gewandert sind. Und eine Frau, die auf dem Pferd durch Nevada reitet, nur begleitet von ihrem Hund.«

Nach Las Vegas würde Karen nie wieder zurückgehen, sagt sie mir noch. Sie scheint angekommen in Ely, auch weil die Menschen netter und freundlicher seien.

»Hier wird noch mit allen fünf Fingern gewinkt, nicht nur mit dem Mittelfinger. Es gibt keine Schießereien, statt dessen reden wir noch miteinander, und dein Wort und ein Handschlag drauf gelten noch was.«

Und dann ist da ja auch noch die Schönheit der Landschaft, der man mit Worten nur unzureichend gerecht werden kann.

»Manche Menschen schätzen die Wüste erst, wenn sie selbst mal durchgefahren sind. Die Berge, die Täler, die Ebenen, einfach überwältigend.«

Americas »A Horse With No Name« begleitet mich aus der Stadt. Mein Musikwunsch, den Karen umgehend erfüllt. Besonders wenn man alleine reist, ist das Radio immer noch der beste Begleiter. Dabei geht es nicht nur um die Musik als Soundtrack, sondern eben auch um die persönliche Ansprache. Es sei denn, die Stimme aus dem Radio hat nicht mehr zu sagen als das Wetter, die Uhrzeit und dass es gleich mit dem besten Mix von gestern bis heute weitergeht. Leider gibt es immer noch genug selbst ernannte Consultants, die behaupten, ein solcher »Three-Element-Break« sei die Rettung des modernen Radios. Dumpfbacken. Da lausche ich doch lieber dem gleichmäßigen Surren der Laufräder auf dem rauen Asphalt unter mir.

Irgendwo vor Eureka verliere ich das Signal von KDSS wieder. Vier zähe Pässe, alle so um 2000 Meter, liegen da bereits hinter mir. Der Ort selbst entstand ebenso wie Ely auf Grund der Bodenschätze. Vor allem Erz wurde hier im 19. Jahrhundert abgebaut. Die Geschäfte liefen lange Zeit gut, ein 130 Jahre altes Opernhaus, das heute als Kleinkunstbühne dient, zeugt von der Blütezeit. Ich nehme mir ein Motelzimmer, das erste seit Kansas vor zwei Wochen. Auf der Weiterfahrt am nächsten Tag gerate ich in zwei Gewitter. Eines kann ich an einem überdachten Picknicktisch aussitzen. Das zweite erwischt mich voll, als ich den letzten Anstieg nach Austin nehme. Tatsächlich ist das Städtchen nach der texanischen Hauptstadt benannt und ebenfalls ein Relikt aus dem Silberrausch des 19. Jahrhunderts. Dass der nun schon lange zurückliegt, sieht man vielen Häuserfassaden mittlerweile deutlich an. Trotzdem versprüht Austin einen morbiden Charme, den seine verspielte Hanglange noch verstärkt. Wäre der Highway nicht asphaltiert, könnte man sich inmitten einer authentischen Wildwestkulisse wähnen. In ihren besten Tagen bevölkerten Tausende von Glückssuchern und Geschäftemachern die Gegend, heute leben nur noch knapp 200 Menschen hier. Die Abgeschiedenheit und Ruhe lockten Bob McGibbon aus Michigan hierher, den ich bei seiner Zigarettenpause an der Hauptstraße treffe.

»Ich mag Menschen, aber keinen Trubel. Und Austin ist

"It's a real live-and-let-live kind of place..."

Bob McGibbon, Austin, NV

besonders, nicht nur, weil wir hier so wenige Einwohner haben. Kleinstädte gibt's in ganz Amerika, aber da ist die Distanz zum nächsten Ort nur ein paar Meilen und nicht so groß wie bei uns.«

Doppelbonus also für Zivilisationsflüchtlinge, auch wenn man für den Wocheneinkauf mindestens drei Stunden Autofahrt auf sich nehmen muss. In den Sommermonaten betreibt Bob einen kleinen Saloon, im Winter, wenn die Touristen ausbleiben, wird es dann noch einsamer hier draußen. Und spätestens im Februar spüre man den Lagerkoller, weil jeder sich dann irgendwie auf den Geist gehe. Im Charakter der Menschen finde sich der Wilde Westen noch heute, meint Bob.

»Hier kannst du sein, wer du bist, und niemand stört sich dran. Vielleicht haben sie eine Meinung zu dem, was du tust, und meckern ein bisschen. Aber sie würden niemals verlangen, dass du dich änderst. Leben und leben lassen. Und wer es aus eigener Kraft nicht schafft, hat es ohnehin nicht verdient zu leben.«

Na, das klang doch im Wilden Westen schon so, wenn wir Hollywood trauen dürfen. Zeit weiterzureiten. Troy holt mich mit seiner Enduro ein und stoppt auf dem schmalen Seitenstreifen. Er wirkt ähnlich zerknautscht wie sein ramponiertes Motorrad und will auch nach Westen. Ob er mir nicht fünf Dollar spenden dürfe, fragt er höflich, für den guten Zweck. Troy kann nicht fassen, dass jemand die Einsamkeit und Strapazen ohne tiefere Beweggründe auf sich nimmt. Ich lehne dankend ab und überlege noch, ob er das Geld nicht dringender gebrauchen könnte. Da sitzt er aber schon wieder auf seinem staubigen pinkfarbenen Kissen, das er als zusätzliches Polster unterlegt, und braust zurück auf den Asphalt. Gegenwind setzt ein und bremst selbst die Abfahrten, was meinen Zeitplan gehörig durcheinanderbringt. Eigentlich will ich es heute bis Reno schaffen und erst dort die schrumpfenden Vorräte wieder aufstocken. Keine Chance.

"It's too late to leave now. They all got bets
on who's gonna die first out here…"

Greg Del Pozzo, Middlegate, NV

Ich stoppe in Middlegate Station, an der schon erwähnten Wüstentankstelle, wo bis vor Kurzem noch der Schuhbaumriese für Aufsehen sorgte. Aber auch ohne seine Präsenz lohnt die Pause hier, wo die Landstraße 839 mitten in der Wüste an einer T-Kreuzung in den Highway 50 mündet. Genauso gottverlassen, wie es klingt, wirkt das Areal um die schäbige Bar tatsächlich. Die verwitterte Holzkonstruktion kommt windschief aber auch äußerst authentisch daher. Es braucht nicht viel Fantasie, um die angebundenen Pferde und parkenden Kutschen aus den Pioniertagen in die skurrile Szenerie zu projizieren. Seit der Goldrausch Mitte des 19. Jahrhunderts den Verkehr nach Westen ankurbelte, stoppen hier durstige Kehlen, um den Staub hochprozentig runterzuspülen, den neuesten Klatsch der ereignisarmen Gegend auszutauschen oder sich dem fleischigen Monsterburger zu stellen. Die kulinarische Spezialität des Hauses aus einem fettigen Pfund Hackfleisch mit reichlich Belag und Pommes ist allein kaum zu schaffen. Wem es doch gelingt, winkt als Trophäe ein entsprechendes T-Shirt. Angesichts der noch vor mir liegenden Restetappe wähle ich einen deutlich kleineren Barbecue Burger und mustere derweil das dunkle Innere der Bar. An der Theke und einem der Tische sitzen Soldaten der nahen Militärbasis, wo die Navy mit ihren Kampfjets zu Trainingsflügen startet. Am Ende des Tresens erkenne ich einen hageren Mann mit großem Strohhut, Rauschebart und Westernhemd auf einem Barhocker. Er zieht abwechselnd an einer selbst gedrehten Zigarette oder nimmt einen Schluck Whiskey aus einem roten Plastikbecher. Auch der könnte locker seit dem Silberrausch hier hocken, denke ich und zögere, bevor ich ihn schließlich anspreche. Sein Name ist Greg Del Pozzo, 62, Biologe mit Schwerpunkt Insekten. Ursprünglich stammt er aus Arizona, lebt aber seit 20 Jahren schon hier an diesem Ort, der eigentlich gar keiner ist.

»Hier liegt das einzige Wüstenhabitat, das ich noch nicht studiert hatte. Hier gibt es keine Biodiversität, nur ein paar Kreaturen leben hier, und wir gehören dazu.«

Die Abgeschiedenheit scheint Greg auch recht zu sein. Wie so viele, die ich auf meiner Reise getroffen habe, ist er nicht unfreiwillig gestrandet, sondern hat sich bewusst für die »Isolation« entschieden, nicht nur aus beruflichen Gründen.

»Ich brauche meine Freiheit. Und jetzt ist es ohnehin zu spät, um wegzugehen.«

Die Wetten liefen schon, wer wohl als Nächster sterbe, dann müsse die Einwohnerzahl auf dem Schild draußen wieder korrigiert werden, vermutlich schon am Ende des Winters, scherzt Greg.

»Welcome to Middlegate. The Middle of Nowhere. Elevation 4600 Feet. Population 17«, steht da mit weißer Farbe, die 18 daneben ist durchgestrichen. Irgendwie werde ich den Eindruck nicht los, Greg meint das ernster, als er es erzählt.

Langweilig wird es ihm jedenfalls hier draußen nicht. Jeden Morgen beobachtet er Schlangen, Taranteln und andere Insekten und Reptilien, die sich den Lebensraum mit den wenigen Menschen teilen, die hinter der Bar in *trailer homes*, Wohnwagen oder Hütten hausen.

»Außerdem liegt hier einer der Hauptkorridore für Zugvögel, die zweimal im Jahr hier durchkommen.«

Gregs Begeisterung für die Tierwelt scheint nur noch von der für die Getränkeauswahl der Bar übertroffen zu werden. Er testet nicht nur leidenschaftlich und gewissenhaft deren Qualität, gelegentlich verdient er sich als Aushilfskellner ein paar Dollar dazu und nimmt Bestellungen der Gäste auf. Stadtleben käme für ihn nicht infrage.

»Nein, nein, nein, ich kann mir keinen besseren Ort denken. Das ist eine Oase! Deshalb ist es so anstrengend, wenn wir wie letzte Woche Hunderte Gäste haben. Die waren eindeutig zahlenmäßig überlegen. Und wir konnten sie nur mit Mühe versorgen. Aber ist ja gut für's Geschäft.«

»Würdest du dich als Einzelgänger bezeichnen?«

»Nein. Die Sache mit den Frauen hat sich erledigt, falls du das meinst! Aber das sollte dich wohl kaum überraschen.«

»Du bleibst also für den Rest deines Lebens hier?«

»Yeah. Ich hab ja nicht mehr so lange. Ich bin durch.«

»Beschäftigt dich das?«

»Nein, bei dem, was ich alles gemacht habe, bin ich froh, dass ich überhaupt noch lebe. Obwohl, wenn mir jemand ein Ticket nach Galapagos schenken würde, wäre ich dabei, oder nach Madagaskar!«

Wegen der Fauna, auch wenn ich mir Greg nur schwer als Feldforscher vorstellen kann. Dafür spielt er die Rolle des Wüstencowboys einfach zu gut. Wie einsam der Highway 50 denn heute überhaupt noch ist, will ich wissen.

»Längst nicht mehr so wie noch vor zehn Jahren, außer im Winter, wenn manchmal nicht mehr als ein oder zwei Autos hier vorbeikommen. Dann stehen wir am Fenster und beobachten, was passiert, wenn sie auf dem Glatteis die Abzweigung verpassen und von der Straße rutschen.«

Das sei besser als jedes Footballspiel, das sonst auf dem unablässig laufenden Riesenfernseher von der Wand flimmert. Der wird übrigens wie alle anderen Geräte mit Strom aus einem Dieselgenerator versorgt.

»Im Winter braucht der 100 Gallonen pro Tag!«, beklagt sich Greg, fast 400 Liter, macht 2000 Dollar pro Tag, jeden Tag.

»Wenn wir ans Stromnetz angeschlossen wären, würden wir das für den gesamten Monat zahlen.«

Windturbinen und Solaranlagen könnten die Kosten auf Dauer senken, bleiben allerdings erst mal genauso unerschwinglich wie ein Anschluss an die Stromversorgung der nächsten, fast 30 Kilometer entfernten Leitung. Das ist der Preis der Freiheit, den viele trotzdem in Kauf nehmen, solange sie dem Stress und den Problemen der Ballungsräume entfliehen können.

Die Wüste wirkt wie ein Magnet auf Aussteiger, Träumer und Freigeister. Nicht nur, weil man hier seine Macken ungestört ausleben kann und es entspannter zugeht, wie ich es in den Gesprächen immer wieder gehört habe. Vielleicht fördert die offensichtliche Menschenfeindlichkeit des Landes den Zusammenhalt ähnlich intensiv wie in Alaska, wo die harsche Natur die Bewohner näher zusammenrücken lässt. Nur wer sich gegenseitig hilft, hat eine Chance. Abgegriffenes Klischee oder unumstößliche Tatsache, ich mag die Wüste und ihre mitunter schrulligen Typen. Für mich strahlt sie eine klare, wohltuende Reinheit aus und wirkt weniger bedrohlich als zum Beispiel der undurchdringliche Dschungel. Außerdem halte ich die trockene Hitze allemal besser aus als tropische Schwüle, die zudem den Verstand benebelt. Wobei ich zunächst auch an meinem zweifle, als ich auf der Weiterfahrt in der Ferne eine sich bewegende Silhouette auf dem Highway auszumachen glaube, die immer näher kommt. Für ein Auto zu klein, für ein Moped zu langsam. Erst als uns keine 100 Meter mehr trennen, erkenne ich einen einsamen Radler. Über seiner Radhose trägt er ein bunt bedrucktes, langärmeliges Hemd, das der Altkleidersammlung entstammen könnte, am Kopf flattert ein turbanähnlicher Nackenschutz. Den habe er genauso den Tuareg in der afrikanischen Wüste abgeschaut wie die langen Kleider. Die verhindern übermäßiges Schwitzen selbst in der größten Hitze, sodass man deutlich weniger zu trinken braucht, erklärt er die Vorzüge seines Outfits und schüttelt verständnislos den Kopf, als er meines kommentiert.

Seit Wochen greife ich zum Synthetik-Tanktop, um in der Hitze möglichst befreit fahren zu können. Ein Kopftuch unterm Radhelm bändigt die inzwischen ordentlich gewachsenen Haare und saugt ein wenig Schweiß auf, bevor er in die Augen läuft oder auf die Radbrille tropft. Wahrscheinlich hat der Kollege mit seiner Theorie ja sogar recht, denn Kameltreiber entscheiden sich in der Regel äußerst selten für ein hautenges Jersey oder ein genauso knappes Badehöschen, glaube ich. Aber allein der Gedanke an Ärmel, geschweige denn zusätzliche Kleidungsschichten auf der Haut, treibt mir den Schweiß auf die Stirn. Also bleibe ich bei meiner Art, mit der Hitze umzugehen: so kurz und so wenig wie möglich, ordentlich Sonnenblocker auf die nackte Haut und bei jeder Gelegenheit keinen heißen Tee, sondern so viele eiskalte Getränke, wie ich innerhalb kürzester Zeit schlucken kann. Kamelstrategie, nur leider ohne praktische Höcker. Nach dem kurzen Intermezzo verabschieden wir uns, und jeder zieht seines Weges. Später komme ich an der alten Zisterne vorbei, von der mir der Wüstenexperte noch erzählt hat. Auf einen Sprung ins kühle Nass, das ein quietschendes Windrad schluckweise in das aus groben Steinen gemauerte Becken pumpt, verzichte ich trotz des verlockenden Gedankens. Denn schon bald wird es dunkel sein, und ich will es heute unbedingt noch zum Sand Mountain schaffen. Von dort wäre es morgen nur ein Katzensprung bis nach Fallon. Auch wenn der Highway 50 noch weiter verläuft und erst in der kalifornischen Hauptstadt Sacramento endet, seine wilde Einsamkeit gibt er spätestens in Fallon auf. Die Kleinstadt verfügt nach einer langen Durststrecke für Lebensmitteleinkäufe als Erste wieder über einen gigantischen Walmart, stets untrügliches Zeichen für die Rückkehr in die amerikanische Zivilisation.

VIII. Die schönste Zielgerade

Durch Kalifornien zum Pazifik

Highways sind wie Sonnenuntergänge. Man kann sich einfach nie sattsehen und drückt immer wieder auf den Auslöser der Kamera, obwohl sich, nüchtern betrachtet, Bildausschnitt und Aussage meist nur in Nuancen unterscheiden. Wenn überhaupt. Aber für mich erzählen die Straßenfotos auch jedes Mal eine Geschichte, und sei es nur die des schlichten Vorankommens. Ich weiß nicht, wie oft ich bislang angehalten und die Kamera aus der Lenkertasche genommen habe, um den Moment und die Szenerie zu dokumentieren. Zu oft wahrscheinlich für jemanden, der die Reise nicht selbst gemacht hat und für den der Highway nur eine praktische Straßenverbindung zwischen zwei Orten ist. Ich sehe ihn mit anderen Augen, besonders dann, wenn er schnurstracks geradeaus verläuft und unsichtbar im Nirgendwo am Horizont endet. Im dicht besiedelten Europa und vor allem in Deutschland muss man lange nach so einer Konstellation suchen, in Amerika findet man solche Highways zuhauf und in nahezu jedem Staat. Und damit die Nomenklatur niemanden verwirrt, Highways sind in der Regel keine autobahnähnlichen Schnellstraßen wie Interstates oder Freeways, sondern entsprechen am ehesten unseren Land- und Bundesstraßen, mit meist deutlich weniger Verkehr. Sie sind Wege in die Freiheit, symbolisieren den Aufbruch, die unstete Seele der Menschen, immer bereit, alles hinter sich zu lassen, in den Truck zu steigen, das Ungewisse zu suchen und irgendwo anders wieder ganz von vorne anzufangen. Die Popkultur ist prall gefüllt mit beispielhaften Songs, Filmen und Literatur, die nichts anderes vermitteln als die unbändige Sehnsucht des Unterwegsseins. Und auf dem Rad, habe ich den Eindruck, kann man sie besonders unkompliziert ausleben. Es braucht nicht viel außer der Bereitschaft, einfach loszufahren. Die Highways in Amerika, und seien sie noch so einsam, bringen einen früher oder später wieder in die Zivilisation. Verhungern und Verdursten muss unterwegs also niemand, überall warten hilfsbreite Menschen. In jedem Städtchen offenbart sich die Chance auf einen Neuanfang. Was gibt's zu sehen, wo bleibe ich heute Nacht, wo kaufen die Menschen hier ein? Die Reise bleibt ein unentwegtes Entdecken, das nie langweilig wird. Was also hält uns zurück?

Sand Mountain erreiche ich erneut erst in der Dunkelheit. Der starke Gegenwind und die lange Pause in Middlegate werfen meine Pläne mal wieder über den Haufen. Noch ein Grund mehr, nicht zu viel zu planen, und erst recht nicht, gegen die Elemente zu kämpfen. Da kann man auf dem Rad nur verlieren. Ich schlage mein Zelt neben der Zufahrtsstraße im Sand auf, unweit von einem der drei Toilettenhäuschen entfernt. Die wurden vom Bureau of Land Management hier hingestellt, einer Bundesbehörde, die öffentliche Ländereien und eben auch die Sand Mountain Recreation Area verwaltet. Sand Mountain ist eine Düne, nicht ganz so imposant wie die Great Sand Dunes in Colorado, aber auf ähnliche Weise entstanden und mit gut 150 Meter Höhe durchaus beachtlich. Außerdem zählt sie zu den wenigen »singenden« Dünen weltweit, kein Scherz. Dieses Phänomen tritt nur bei einer Kombination aus einer ganz bestimmten Sandkorngröße und Feuchtigkeit auf, wenn Wind ins Spiel kommt. Bis zu 100 Dezibel laut sollen die Gesänge werden, das entspricht der Lautstärke eines Presslufthammers. Und das müssen sie auch, sonst würde man sie am Wochenende gar nicht wahrnehmen. Dann nämlich konkurrieren die Dünen mit den Motoren der ATVs, die auf ihnen herumbrettern. Der Sand Mountain ist eines der beliebtesten Reviere von Quadfahrern und Sandboardern. Dutzende, wenn nicht Hunderte von mit schwarzen Lavasteinen befestigte Feuerstellen zu Füßen der Düne deuten an, wie geschäftig es hier zugehen kann. Jetzt aber sehe ich nur eine Handvoll Wohnmobile in einiger Entfernung. Trotzdem fällt es mir schwer einzuschlafen. Muss am vielen Koffein liegen, das ich heute konsumiert habe. Ich überschlage meine Trinkpausen in Cold Springs und Middlegate und komme auf allein vier (!) Liter Cola. Ich finde, nichts erfrischt ausgedorrte Kehlen unterwegs besser als Cola aus der *soda fountain* mit viel Eis, becherweise. Und eigentlich ist da ja auch alles drin, was man beim Radeln so braucht. Wasser, Zucker und Koffein zum Aufputschen. Oder fällt das schon unter Doping? Vielleicht kommen die Hersteller ja irgendwann noch auf den Dreh, das ohnehin schon breite Sortiment an Cola mit und ohne Zucker, Vanille-, Cherry- und Limetten-Geschmack um eine Variante mit Elektrolyten zu erweitern. Dann würden mich nachts keine Krämpfe in den Beinen mehr aus dem Schlaf reißen, und die ganzen Isotoniker der Fitnessbranche könnten einpacken!

Irgendwann muss ich wohl doch eingeschlafen sein. Die Sonne brennt durchs grüne Zeltdach und sorgt schon am Morgen für Saunatemperaturen. Leider gibt's am Sand Mountain keinen Tropfen Wasser. Dafür aber die Ruinen einer Pony-Express-Station, fein säuberlich umzäunt, damit die PS-Junkies auf zwei und vier Rädern im Geschwindigkeitsrausch mit Vollgas die historische Stätte nicht noch weiter zerlegen. Seit Tagen folge ich der legendären Pony-Express-Route. Obwohl die heroische Postreiterstaffel nur anderthalb Jahre existierte, ist sie untrennbar mit der Geschichte des Wilden Westens und der Eroberung Amerikas verbunden. Im März 1860 erschien in einer Zeitung in Sacramento folgende Anzeige:

»Men Wanted! The undersigned wishes to hire ten or a dozen men, familiar with the management of horses, as hostlers, or riders on the Overland Express Route via Salt Lake City. Wages $50 per month and found.«

50 Dollar für 1800 Meilen von St. Joseph, Missouri, nach Sacramento, Kalifornien, in zehn Tagen! Postkutschen brauchten locker die doppelte Zeit. Das funktionierte nur, weil die Staffelreiter in regelmäßigen Abständen ihre Pferde an den Stationen gegen frische tauschten und am Ende eines Arbeitstages dort auch übernachten konnten. Parallel baute man an einer Telegrafenleitung zur Westküste. Und als die im Oktober 1861 fertiggestellt wurde, bedeutete das schon wieder das Aus für den Pony Express. Aber der Mythos lebt weiter. Schade, dass er es nicht in die deutschen Poststuben geschafft hat. Dann müssten wir auf so manche Sendung vielleicht nicht so lange warten.

Die 30 Meilen bis Fallon schaffe ich mühelos, der Highway verläuft durch weitgehend flaches Gelände. Verkehr und Besiedlung nehmen wieder deutlich zu. Kurz vor Carson City bremst mich ein Käfer mit Spinnenbeinen: Vor einem grauen *trailer home* am Straßenrand wacht in drei, vier Meter Höhe ein alter, verbeulter VW Käfer, dessen Räder durch acht Beine aus rostigen Metallrohren ersetzt wurden. Amerikas Highways überraschen immer wieder mit gigantischen *roadside attractions*. Dinosaurier in Lebensgröße, Riesendonuts und allen voran die schon erwähnten *Muffler Men* sind skurrile Ikonen der Straßenkultur, die allemal ein Foto wert sind.

Im Radio geben sie eine Sturmwarnung durch, Lkws

und Fahrzeuge mit Anhänger sollten nicht auf dem Highway fahren, dem ich gerade parallel Richtung Lake Tahoe folge. Fallwinde aus den Bergen sorgen hier regelmäßig für gefährliche Böen. Zum Glück werden die Prognosen nicht ganz erfüllt, trotzdem läuft es zäh. Zum Wind kommen die Berge der Sierra, die letzten großen meiner Reise. Drei Stunden stete Steigung bis zum Spooner Pass auf gut 2200 Metern mit anschließender Abfahrt zum See. Der wirkt wie ein tiefblaues Meer umgeben von Bergen. Wahnsinn! Ich genieße die grandiose Szenerie und folge auf dem Highway 50 dem Ostufer des Lake Tahoe, bis ich im Touristentrubel von South Lake Tahoe schließlich Kalifornien erreiche. Als ich das Hinweisschild an einer belebten Ampelkreuzung fotografiere, wird mir die Endlichkeit meiner Reise zum ersten Mal richtig bewusst. Die letzten 1000 Kilometer liegen vor mir, in zehn Tagen könnte ich am Santa Monica Pier stehen. Vielleicht ist die gebremste Vorfreude ja ein gutes Zeichen, dass ich auf meiner Reise angekommen bin und so lange wie möglich verweilen möchte, anstatt der Ziellinie entgegenzufiebern. Gleichzeitig überlege ich, wie sich der Mythos der Highways noch erklären lässt. Die legendären Airstream-Wohnwagen aus unlackiertem Flugzeugaluminium fallen mir ein, die weltweit Kultstatus genießen. Die Firmenzentrale liegt allerdings in Ohio. Oder die Hobo Convention, von der ich gelesen hatte, ein jährliches Treffen der Wanderarbeiter, für die die

Rastlosigkeit und das ständige Vagabundentum ohne festen Wohnsitz zum Lebensinhalt geworden sind. Wie ich später recherchiere, nicht zu verwechseln mit *tramps*, die zwar auch ständig reisen, aber nur arbeiten, wenn ihnen das Geld ausgeht, und *bums*, die grundsätzlich keinen Bock auf Arbeit haben. Was die Frage des Radlerkollegen in Colorado, ob ich denn auch ein *bum* sei, so wie er, noch mal in einem ganz anderen Licht erscheinen lässt. Egal, ich verwerfe den Gedanken und auch den an die Hobo Convention, die in einem kleinen Kaff in Iowa stattfindet, einfach viel zu weit ab vom Schuss.

Also philosophiere ich noch ein wenig über Amerikas Straßen, dieses Mal jedoch nicht so sehr über die Faszination und Verheißung, die mit ihnen verbunden ist, sondern ihre Entstehung. Als die ersten Automobile Ende des 19. Jahrhunderts populär wurden, mussten sie sich die »Straßen« noch mit Pferden und Kutschen teilen, einen speziellen Belag, wie wir ihn heute kennen, gab es nicht. Folglich gestaltete sich das Fahrerlebnis in der Regel rau, holprig und sehr pannenlastig. Das sollte sich 1916 ändern, als der Federal Aid Road Act in Kraft trat, der es zum ersten Mal ermöglichte, mit Bundesgeldern das Straßennetz in Amerika auszubauen und zu verbessern. Henry Ford hatte nur wenige Jahre zuvor sein Model T auf den Markt gebracht, das als erstes massentaugliches Gefährt in die Automobilgeschichte einging, eine Rolle, die man später erst dem VW

Käfer und dann dem Golf zuschreiben würde. Der Erlass wurde mehrfach erneuert und ergänzt, bis Präsident Dwight D. Eisenhower 1956 sein National System of Interstate and Defense Highways etablierte. In den folgenden vier Jahrzehnten wurden daraufhin Straßen nach deutschem Autobahnvorbild gebaut, die das ganze Land durchkreuzten, und mit Nummern versehen. Die West-Ost-Verbindungen erhielten gerade Nummern, die sich von West nach Ost steigerten, Straßen von Süd nach Nord wurden mit ungeraden Ziffern versehen, ebenfalls aufsteigend. Am Ende waren rund 48 000 mit Steuergeldern finanzierte Interstate-Meilen entstanden, gut 77 000 Kilometer. Zum Vergleich: In Deutschland haben wir rund 13 000 Autobahnkilometer, nicht schlecht, denn die USA sind ja 26 Mal so groß! Die Amerikaner beneiden uns aber aus einem anderen Grund um unsere Autobahnen: wegen des vermeintlichen Tempolimits, das es entgegen der Realität und dank zahlreicher Dauerbaustellen in ihrer Vorstellung nicht gibt. Auf den Interstates fließt der Verkehr hingegen regulär nie schneller als 65 bis 85 Meilen pro Stunde, also maximal etwa 137 Stundenkilometer. Die genauen Limits weden von den Staaten festgelegt. In jedem Fall ist die Geschwindigkeit perfekt fürs Cruisen, Raser haben keine Chance, man gondelt entspannt durchs weite Land, wenn die Megastaus in den Ballungsräumen hinter einem liegen. Das hat natürlich Einfluss auf die Konstruktion der Automobile und erklärt die

Fahreigenschaften vieler amerikanischer Limousinen oder SUVs, mit denen europäische Fahrer oftmals fremdeln. Es geht in erster Linie um Bequemlichkeit und Style, während Kurventauglichkeit oder Beschleunigung auf endlos geradeaus verlaufenden Asphaltbändern keine große Rolle spielen. Kein Wunder, dass die drei meistverkauften Automobile in den USA Pick-up Trucks sind. Das erklärt wahrscheinlich auch, warum mein alter 74er-Truck »Loretta« hier so viel Aufmerksamkeit auf sich zieht. Beim Zapfen an fast jeder Tankstelle erntet sie reihenweise Komplimente. »I like your truck!« – »Thanks, appreciate that.« – »What year is that?« – »74.« – »What you got in there?« – »302.« – »Man, that's a classic, they don't make 'em like that anymore.«

»302« ist die Bezeichnung für den V8-Motor, den Ford jahrzehntelang als unverwüstlichen Allzweckantrieb verbaute. »Alt« ist im Übrigen ein Attribut, das niemand in Amerika einem, sagen wir, betagten Fahrzeug zuschreibt. Hier spricht man auch nicht von einem Oldtimer, sondern respektvoll von *vintage vehicle* oder *classic car*, vor allem, wenn es bestens in Schuss ist oder aufwändig restauriert wurde. Dafür gibt es in den USA zahlreiche Spezialisten wie Gene Winfield.

Er wird in der Autotuning-Szene verehrt wie ein Messias. Gene ist eine unsterbliche Lichtgestalt unter den Designern der Automobilbranche und veredelt mitten in der kalifornischen Wüste vorzugsweise klassische Karosserien aus den

"I think, eat and sleep in cars. It's my life!"

Gene Winfield, Mojave, CA

40er- und 50er-Jahren. Nach einer kurzen Recherche im Internet verabreden wir uns. Die Begegnung hinterlässt bei mir einen nachhaltigen Eindruck, und aus den geplanten zwei Stunden Interview mit Fotos werden zwei äußerst spannende Tage. Dabei bin ich am meisten von der unglaublichen Vitalität begeistert, die der 86-Jährige ausstrahlt.

»Ich achte auf meine Ernährung, esse viel Gemüse, rauche nicht, trinke nicht und mache jeden Morgen ein paar Übungen für meinen Rücken«, erklärt Gene auf meine verdutzte Frage, wie er sich denn fit halte. »Und ich versuche, so viel Spaß wie möglich im Leben zu haben!« Tanzen spiele dabei eine große Rolle, und ein ausgewogenes Sexualleben, wie er mir mit anschaulichen Worten ins Ohr raunt. Ich hege keinerlei Zweifel, auch wenn er zurzeit keine feste Partnerin hat. Genes Grundstück umfasst gut 20 000 Quadratmeter. Er kaufte den alten Schrottplatz in der Wüste, weil er die Enge seiner Werkstatt in der Nähe von Los Angeles satthatte und sich endlich ausbreiten wollte.

»Ich liebe es hier draußen! Jetzt kann ich tun und lassen, was ich will, und rund um die Uhr arbeiten, ohne dass es jemanden stört.«

Das meint er wirklich so, denn Feierabend kennt Gene nicht. Wenn er mitten in der Nacht in der Stimmung ist, schaltet er das Licht in der Werkstatt an, und los geht's. Seit mehr als 60 Jahren dreht sich alles im Leben von Gene Winfield um Autos und wie er ihr Aussehen verbessern kann. Aufgewachsen ist er in Südkalifornien, sein Interesse für Autos begann schon auf der Highschool, und an seinen ersten Wagen erinnert er sich noch lebhaft.

»Ich kaufte einen 1928er Ford Model A. Und weil ich damals keinen blassen Schimmer davon hatte, was man alles damit machen kann, hab ich erst mal eine Antenne eingebaut und daran einen Fuchsschwanz geknüpft.« Gene grinst schelmisch.

Der Wagen hatte nämlich gar kein Radio. Immerhin war das der Startschuss für eine beispiellose Karriere. Heute gilt er als der unumstrittene King of Kustoms, und ich erfahre im weiteren Verlauf des Gesprächs, dass *customizing* sich in der Regel auf Fahrzeugmodelle aus den 40er- und 50er-Jahren bezieht, während die sogenannten Hot Rods auf der Basis von Oldtimern der 20er- und 30er-Jahre des letzten Jahrhunderts entstehen. Zwischenzeitlich entwarf Gene auch Fahrzeugmodelle für Fernsehserien wie »Raumschiff Enterprise« und Kinofilme wie »Blade Runner«. Ein Exemplar des unvergessenen DeLorean, der fliegenden Zeitmaschine aus der »Zurück in die Zukunft«-Trilogie, stammt ebenfalls aus seiner Werkstatt. Aber Genes eigentliche Spezialität sind eben Karosserien aus den 40er- und 50er-Jahren, deren Design er für Kunden aus der ganzen Welt aufwendig pimpt. Der Motor steht dabei keineswegs im Vordergrund, es geht in erster Linie ums reine Aussehen. Sein Team besteht aus Gelegenheitsarbeitern, die alle die Faszination für Autoklassiker aus einer Ära verbindet, als Designer noch nicht von Aerodynamik und Treibstoffeffizienz geknebelt wurden.

»Jeder *customizer* gibt mit seinem Auto ein Statement ab! Meins drückt schlichte Eleganz aus. Ich schaffe ein Bild, das die Menschen anschließend bestaunen können.«

Gene klingt wie ein Maler, der zufrieden auf sein Meisterwerk blickt, oder ein Modeschöpfer, der sich für seine neuesten Kreationen feiern lässt. Sein »Lieblings-Model« sind Mercury-Modelle aus den Jahren 1949 bis 51, die er meistens chopped, also die Dachsäulen durchsägt, verkürzt und damit auch die Fensterflächen verkleinert, um ein schnittigeres Erscheinungsbild zu schaffen.

»Manchmal haben die Kunden sehr konkrete Vorstellungen, aber in der Regel lassen sie mir genug Freiraum und vertrauen auf meine Erfahrungen, damit der Wagen anschließend richtig cool aussieht!«

Am Anfang schaut Gene sich den Wagen des Kunden erst mal in Ruhe an. Da vergeht dann auch schon mal eine Stunde, in der er Ideen sammelt. Anschließend setzt er sich mit einem Künstler zusammen, der Skizzen oder am Computer ein Modell entwirft. Diese Vorschläge werden mit dem Kunden besprochen und seinen Wünschen angepasst, bevor die Arbeiten beginnen. Zwischen 30 000 und 60 000 Dollar geben die Kunden durchschnittlich für einen Wagen aus, nachdem der King of Kustoms Hand angelegt hat. Wie lange die Arbeiten dauern, hängt auch vom Geldfluss des Besitzers ab.

»In der Regel brauchen wir sechs Monate und lassen uns vom Kunden für die einzelnen Arbeitsschritte bezahlen. Wenn er mehr Zeit braucht, um das Geld zu besorgen, pausieren wir eine Weile.«

So vergeht schon auch mal ein Jahr, bis der Kunde seinen Wagen zurückbekommt. Wobei das Geld nicht der eigentliche Antrieb für Genes Arbeit ist.

»Nein, das spielt keine Rolle. Es geht um die Anerkennung der zufriedenen Kunden oder begeisterten Besucher auf Autoshows und Ausstellungen, selbst wenn wir keine Trophäen gewinnen.«

Besonders stolz ist Gene Winfield auf seine Sondermodelle und Eigenkreationen wie den Pacifica auf der Basis eines inzwischen legendären Ford Pick-up Trucks. Oder den Strip Star, ein schnittiges Sportster-Unikat, den er bis zur nächsten Autoshow auf seinem Gelände in einem Container parkt. Ich frage, ob wir den orangeroten Flitzer ausnahmsweise mal rausholen könnten, weil ich so gerne ein paar Fotos machen würde. Sofort greift Gene zu Lappen und einem Eimer Wasser, entfernt akribisch die Staubschicht. Anschließend schieben wir den Strip Star in die gleißende Sonne. Ich bin total geflasht! Und das, obwohl mich Sportwagen, pferdestarke Roadster oder Autorennen normalerweise überhaupt nicht reizen. Aber die lässig fließenden Formen des Strip Star, das Schillern der aufwändigen Metalliclackierung und raffinierte Details wie die Fahrerkuppel aus Plexiglas oder der nur einseitig verbaute Doppelscheinwerfer machen ihn zu einem echten Hingucker.

Gene drückt gerne ordentlich auf die Tube, nicht nur auf dem Freeway, der amerikanischen Autobahn, wo er konstant zehn bis fünfzehn Meilen über dem Limit bleibt. Seiner Vorliebe für Speed frönt er bis heute noch regelmäßig bei Autorennen auf ausgetrockneten Salzseen, bei denen er

Rekorde jagt und gerne auch mal jenseits der 300 Stundenkilometer unterwegs ist. Ich cruise ja lieber mit meinem Truck, bei einem Drittel der Geschwindigkeit und laut aufgedrehtem Satellitenradio. Fast so schön wie Radfahren. Im Moment arbeitet Gene parallel noch an einem neuen Auto für sich selbst.

»Ist ein 58er Chevy Impala, das wird ein ziemlich radikales Auto!«, freut er sich, auch wenn's noch eine Weile dauern wird, die Kunden haben Vorrang. Radikal sind die Veränderungen, die Gene vornehmen möchte. Zehn Zentimeter der Karosserie fallen der Säge zum Opfer, um dem Impala ein schnittigeres Profil zu verleihen. Dazu kommen kleinere, geteilte Stoßstangen, verchromter Motorblock und natürlich ein Name. »Alle besonders designten Autos kriegen von mir einen Namen. Ich sammle wochenlang, manchmal sind es 100 Namen. Die reduziere ich dann auf zwei bis drei, und am Ende bleibt einer übrig.«

Ich erzähle Gene von meiner »Loretta«, aber er zeigt sich nur mäßig begeistert. Wenigstens läuft die, anders als der Strip Star, dessen Batterie nach der langen Lagerung völlig leer ist und erst mal an die Dose muss.

Hat Gene die Arbeiten an einem Auto abgeschlossen, geht's zur Testfahrt, um sich die ersten Lorbeeren staunender Bewunderer am Straßenrand abzuholen. Als ich ihn nach seinem Lieblings-Highway frage, kommt die Antwort wie aus der Pistole geschossen.

»Der Highway 1, der Pacific Coast Highway, entlang der Westküste Kaliforniens, weil er sich so schön schlängelt, viele Kurven hat und man den Ozean sieht!«

Wie passend, denn das wird auch mein letzter Highway auf dieser Reise sein, auf dem ich Richtung Ziel rollen will. Wobei das Rollen angesichts der unendlichen Serpentinen an der Küste keinem lässigen Dahingleiten entsprechen wird, sondern noch mal ordentlich Arbeit erfordert.

Zuvor muss ich über den letzten Gebirgszug. Ich schinde mich bis auf 2200 Meter zum Echo Summit und stürze danach regelrecht zu Tal, bis auf unter 200 Meter. Je tiefer ich komme, desto heißer brennt die Sonne. Kurz vor Folsom, ja, genau das Folsom mit dem Gefängnis, über das und in dem Johnny Cash gesungen hat, holt mich Jeff auf seinem Rennrad ein und bietet mir spontan eine Übernachtungsmöglichkeit bei sich an. Er trainiert gerade selbst für eine Amerikadurchquerung im Süden, will ab August von Florida nach Kalifornien radeln und zeigt mir stolz das neue Tourenrad, das er sich erst vor Kurzem zugelegt hat.

Am nächsten Morgen brechen wir gemeinsam auf und folgen endlich wieder einem »richtigen«, als solchem gekennzeichneten und durchgängig beschilderten Radweg entlang des American River bis Sacramento. Beim Lunch in der historischen Altstadt direkt am Fluss schlägt uns die Kellnerin vor, die Räder im Vorraum zu parken. Erst letzte Woche hätten sie direkt vor der Tür ein abgeschlossenes

Rad geklaut. Willkommen zurück in der zivilisierten Realität. Ich würde am liebsten gleich wieder umdrehen und durch die Wüste ziehen. Jeff verabschiedet sich und macht sich auf den Heimweg. Ich blicke ihm ein wenig neidisch hinterher. Er hat die Erfahrungen der Tour noch vor sich, meine neigt sich nun allzu deutlich dem Ende zu. Ich werde Jeffs Route später im Internet verfolgen, wo er mit der Reise auch auf die zunehmenden Gefahren des Übergewichts aufmerksam machen möchte, vor allem bei Kindern und Jugendlichen.

Meine Route folgt nun gänzlich dem Western Express der Adventure Cycling Association, auf den ich in Utah erstmals aufmerksam wurde. Jeremy, ein Warmshowers-Gastgeber in Nevada, hat mir seine Karte für den Abschnitt bis San Francisco überlassen. Das macht die Orientierung deutlich einfacher, verlängert aber auch die Strecke, weil die Autoren radfreundliche Umwege und Seitenstraßen in Kauf nehmen, um dem rasant gestiegenen Verkehrsaufkommen auszuweichen. Ich passiere Obsthaine, Getreidefelder und gesichtslose Neubauviertel, finde einen Radweg parallel zur Autobahn und halte inne, als sich zum ersten Mal die Bay Area vor mir erstreckt. Am Horizont erkenne ich eine weit ausladende Brücke, wahrscheinlich nicht die Golden Gate, aber die Küste scheint jetzt zum Greifen nah. Wie schon in New York wähle ich für die letzte Passage auf Anraten der Experten des amerikanischen Fahrradclubs aus Vallejo eine Fähre, die mich nach einer Stunde Fahrt im samstäglichen Trubel an der *waterfront* von San Francisco wieder ausspuckt. Die Menschenmassen überfordern mich. Ich schiebe mein Rad durch das Gewusel von Touristen bis zu Fisherman's Wharf, steige dort auf und fahre schließlich noch die letzten Kilometer am Ufer der Bay entlang, bis die Straße endet. Ein wenig fassungslos und überwältigt stehe ich am Fuß der majestätischen Golden Gate Bridge, über der eine dicke Wolkenschicht wabert und die Spitzen der rotbraunen Pfeiler gespenstisch verhüllt. Die symbolische Strahlkraft der Brücke als Tor in den »goldenen« Westen wird nur noch von der der Freiheitsstatue in New York übertroffen. Den Gedanken, dass ich die Distanz dazwischen gerade aus eigener Kraft zurückgelegt habe, kann ich noch nicht vollends erfassen. Mein Kopf dreht sich vor Reizüberflutung und Freude über das Erreichte. Ich blicke zurück auf die sonnenüberflutete Bucht. Ein einsamer Stand-Up-Paddler löst sich aus der Landschaft und treibt sein Board stakkatoartig Richtung Brücke. Pelikane ziehen in geordneter Formation durch die Luft. New York – San Francisco, Atlantik – Pazifik, vollbracht. Aber noch nicht am Ziel, zum Glück!

Mit jedem Tag sinkt die Stimmung. Und das, obwohl ich auf der vermeintlich schönsten Küstenstraße der Welt fahren darf. Aber jeder hier zurückgelegte Kilometer bedeutet auch das unbarmherzige Näherrücken des Reiseendes. Die Angst vor der Ziellinie scheint mit zunehmendem Alter immer schlimmer zu werden. Bei der Amerikaumrundung hielten sich die Freude über die Leistung und die Sehnsucht nach den Erlebnissen der Reise noch einigermaßen die Waage. Am Ende des Yukon siegte die Wehmut schon deutlich über den Triumph. Und jetzt graut es mir fast ein wenig vor der Ankunft. Das liegt sicher auch am starken Verkehr auf dem Highway, auf der Fahrbahn wie dem Seitenstreifen, der wiederum ein ausgewiesener Fernwanderweg ist. Statt sich über die Gesellschaft anderer Radler zu freuen, die hier reichlich unterwegs sind, hadere ich mit meinem Schicksal, fühle mich fehlplatziert und irgendwie entwurzelt. Echt merkwürdig. Immerhin fahre ich in die richtige Richtung. Bei der Tour um Amerika hatte ich ja den Verlauf gegen den Uhrzeigersinn gewählt, war also hier zwangsweise von Süd nach Nord, gegen den vorherrschenden Wind, gestrampelt. Dieses Mal aber stimmen die äußeren Bedingungen, die Fitness und Ausrüstung, die zwar deutliche Gebrauchsspuren zeigt, aber seit dem platten Reifen in Arkansas keinerlei Probleme mehr gemacht hat. Warum also die schlechte Stimmung?

Unerwartet kühl beginnen die Tage, weil sich der berüchtigte Marine Layer, eine penetrante Dunstschicht vom Meer, an die Küste schiebt und die Sonne blockiert. Die braucht meist Stunden, um die zähen Nebelwolken wegzubrennen. Ich spare mir also erstmals wieder den gewohnten Sonnenschutz, ziehe die Armlinge und zeitweilig auch noch eine zusätzliche Jacke drüber. Hochsommer in Southern California, wo es zwar niemals regnet, aber trotzdem zapfig kühl sein kann. Die unablässige Serpentinenkletterei hilft dann wenigstens beim Aufwärmen.

Überhaupt ist Kalifornien einer der vielseitigsten Staaten Amerikas und nicht zuletzt deshalb auch so beliebt und gern besucht. Ich hatte mich ja ebenfalls ganz bewusst für eine Durchquerung Amerikas mit dem Finale in Kalifornien entschieden. Dabei war nicht die historisch begründete Westwärtsbewegung mein Antrieb, ich wollte vielmehr dort ankommen, wo sich dramaturgisch, landschaftlich und kulturell ein Höhepunkt verorten lässt. Und das trifft für mich persönlich hier eher zu als an der Ostküste. Seit jeher gilt Kalifornien als gelobtes Land, im 19. Jahrhundert vor allem wegen der Goldfunde, heute locken viele das fast immerwährende Sommerwetter im Süden des Staates und die Naturparadiese in verschiedenen Klimazonen. Küstenregenwald, Wüste, Berge, fehlen eigentlich nur die Tropen, auf die ich angesichts der Luftfeuchtigkeit problemlos verzichten kann. Im Death Valley befindet sich der tiefste Punkt der USA, in der Sierra der höchste, von Alaska mal abgesehen. Mit gut 4400 Meter ist Mount Whitney der höchste Berg der Lower 48 Amerikas. Einige der besten und schneereichsten Skigebiete liegen in seinem Schatten. Das Hochgebirge der Sierra zieht jedoch nicht nur Skifahrer und Snowboarder an. Die Region in Kaliforniens Mitte gilt auch als eines der besten Reviere zum Fliegenfischen. Nicht weit von Mammoth Lakes wollte ich das mal ausprobieren, auch um die selbstverständliche Begeisterung der Amerikaner besser nachvollziehen zu können. Hier fischt jeder, schon von Kindesbeinen an. Während sich bei uns Angler gerne als Nerds in olivgrüner Tarnkleidung präsentieren, gibt's in fast jeder familientauglichen Hollywoodschnulze mindestens eine Szene, in der Dad oder Grandpa dem Nachwuchs beim Fischen schlaue Lebensweisheiten einhauchen. Sex-Appeal bekam das Angeln dann durch Robert Redfords Familiendrama »Aus der Mitte entspringt ein Fluss«, in dem Brad Pitt lässig und elegant die Rute schwingt. Die ist beim Fliegenfischen ein wenig anders konstruiert, die Schnur trägt auch kein zusätzliches Bleigewicht, sondern fungiert selbst als Wurfgewicht und platziert den Köder auf der Wasseroberfläche. Natürlich werden keine echten Fliegen verwendet, wie mein Guide Kevin Peterson mir auf der Hot Creek Ranch erklärt. Ich habe selten einen vergleichbar schönen Ort gesehen. Das Tal, durch das sich der glasklare Hot Creek schlängelt, ist umgeben von sanften Hügeln, in der Ferne sieht man die schneebedeckten Gipfel der Sierra. Die Ranch selbst verfügt über einige Hütten zum Übernachten, von denen es nur ein paar Schritte über perfekt getrimmten Rasen zum Ufer sind. Kevin gilt als Meister seines Faches.

»Wenn du aufs Wasser schaust, siehst du da eine Menge Insekten herumfliegen. Wir versuchen, sie zu imitieren, mit einer kleinen ›Fliege‹, die wir aus Federn, Garn und anderem Material gefertigt haben und die wie ein echtes Insekt wirken soll.«

Kevin überreicht mir die Rute und erklärt, das Prinzip beim Wurf funktioniere so ähnlich wie Pfeil und Bogen: »Die Rute ist der Bogen, deine Schnur der Pfeil. Wir spannen den Bogen, und beim Loslassen schießt er den Pfeil weg.« Er umfasst meine Hand mit der Rute, führt sie nach hinten und demonstriert die Bewegung, die primär aus Handgelenk und Unterarm kommt. »Schnell zurückreißen, kurz warten, auswerfen. Wir versuchen dabei, unsere Fliege unter die Wasseroberfläche zu kriegen, wo sie absinkt und zu einem Fisch treibt. Wenn er anbeißt, musst du die Leine nur noch straffen.«

Meine ersten Versuche fühlen sich ziemlich verkrampft an, Kevin macht mir trotzdem Mut: »Wie ein Profi! Hast du nicht gesagt, dass du das noch nie gemacht hast?«

»Ich krieg's noch nicht so richtig hin. Aber ich kann die Faszination verstehen…«

»Ja, schau dich um. Wir sind an einem der schönsten Plätze der Welt. Viele Fliegenfischer kommen aus der Stadt und haben dort nicht das Glück, ihre Zeit in einer solchen

Umgebung zu verbringen. Für die ist es das Paradies. Es ist total friedlich hier, und ich glaube, es geht ihnen mehr darum, hier zu sein, als einen Fisch zu fangen.«

Es dauert eine gute halbe Stunde, bis der erste tatsächlich beißt. Ich spüre den deutlichen Zug an der Leine und folge Kevins Anweisungen.

»Jetzt, wie wir eben gesagt haben, gib ein bisschen Zug... Ja, da ist er. So, jetzt die Rute senkrecht hoch... rein ins Netz.« Kevin kniet sich ans Ufer und taucht den Kescher ins Wasser, um den Fisch aufzunehmen. »Das ist eine schöne kleine Regenbogenforelle«, attestiert er unseren Erfolg, nachdem er den Fisch aus dem Netz geholt hat. Und zwar sehr klein, ich schätze sie auf kaum mehr als zehn Zentimeter.

»Wir haben hier viel größere im Hot Creek, aber für deinen ersten Fisch ist das gar nicht schlecht.«

»Und jeder Fisch wird wieder freigelassen?«

»Ja, das ist Gesetz in Kalifornien, in diesem Fluss wird jeder Fisch unverletzt zurückgesetzt. Nachdem es dein erster Fisch mit Fliegenköder ist, solltest du das tun.«

Kevin übergibt mir den Kescher mit der kleinen Forelle, den ich behutsam wieder ins Wasser tauche und vorsichtig unter ihr wegziehe. Sie verweilt noch einige Momente nahezu regungslos und verschwindet dann mit der Strömung.

Ich bin regelrecht angefixt und überrascht, wie sehr mich

das Fischen begeistert hat. Die Zeit ist nur so verflogen, und ich fühle mich kolossal entspannt, auch ohne trophäenverdächtigen Fang.

Immer vertrauter werden nun die Küstenabschnitte, die ich nach der ersten Radtour um Amerika mehrfach mit dem Auto abgefahren bin. Monterey, Big Sur, die Seeelefantenkolonie von Piedras Blancas, Hearst Castle, Santa Barbara und schließlich die angesichts der Immobilienpreise 27 teuersten Küstenmeilen durch Malibu. Mein letzter Highway trägt in diesem Abschnitt viele Namen. Mal ist er schlicht die State Route 1, mal der One-O-One, also der 101er, als der er auch zum El Camino Real wird, dem Königsweg, der einst die spanischen Missionen an der Küste miteinander verband. Als Cabrillo Highway setzt er dem spanischen Entdecker gleichen Namens ein Denkmal, der 1542 als erster Europäer die Westküste betreten hat. Außerdem gehört die Straße zum Verbund der Blue Star Memorial Highways, die die Soldaten der amerikanischen Streitkräfte ehren sollen. Die Parallelexistenz als der vielleicht beliebteste Fernradwanderweg Amerikas geht auf eine lange Geschichte zurück. Denn schon die Straßenrennen der Zehnten Olympischen Sommerspiele 1932 in Los Angeles wurden auf der Strecke zwischen Santa Monica und Oxnard ausgetragen, also genau meiner Zielgeraden. Und seit 2006 werden die Radprofis bei der jährlichen Tour of California ebenfalls an der Küste entlanggeführt. Wahrscheinlich auch, weil die Firmenzentrale des Hauptsponsors im nahen Thousand Oaks liegt. Pikanterweise handelt es sich dabei um ein Biotechnologieunternehmen, das seinen weltweiten Erfolg einem Medikament verdankt, das zur Bekämpfung der Blutarmut dient und als Blutdopingmittel EPO vor allem bei Radsportlern missbraucht wurde. Irgendwie makaber.

Ich zögere meinen Endspurt hinaus, stoppe zum Fotografieren oder dope mich mit Zimtbagels und kühlen Smoothies aus dem Supermarktregal. Und ich treffe noch eine letzte Verabredung mit einem Mann, von dem ich im Vorfeld der Reise gehört hatte. Auch seine Geschichte hat mich begeistert und fasziniert, den kleinen Umweg nach Compton nehme ich gerne in Kauf. Früher lag hier einer der Brennpunkte von L. A., Brutstätte von Gewalt und Gangsta Rap. Das hat sich geändert. Ein Stück weit auch wegen Robin Petgrave, der am kleinen Flugplatz von Compton eine Flugschule für Kinder und Jugendliche mit Museum betreibt. Das Besondere: Sie müssen für den Unterricht nichts bezahlen. Als ich mit dem Rad aufs Rollfeld einbiege, bereitet Robin gerade seinen Heli für einen kurzen Trip raus auf den Pazifik vor. Ein türkischer Internetstar möchte sich vor der Küste gemeinsam mit einem amerikanischen Turmspringer ins Meer fallen lassen, für eine neue Episode seiner erfolgreichen Stuntshow. Ich sehe mich der-

"I am a mentor, a tutor, a disciplinarian, a second shoulder, a dad." Robin Petgrave, Compton, CA

weil im Tomorrow's Aeronautical Museum um. Ausstellungsraum ist ein Hangar, in dem ein paar alte Helikopter und Flugzeuge parken, daneben Flugsimulatoren, und an einer Wand reihen sich Exponate, Fotografien, Poster und gerahmte Artikel aneinander, die die Geschichte der Tuskegee Airmen erzählen. Die Airmen waren im Zweiten Weltkrieg die erste Fliegerstaffel der Air Force, in der farbige Piloten zugelassen waren.

Robin sieht sich als geborener Jamaikaner ein Stück weit in ihrer Tradition, wie er mir nach seiner Rückkehr vom

Stuntflug erzählt. Wir setzen uns auf den Ausstieg eines ausrangierten Huey-Militärhubschraubers aus dem Vietnamkrieg. Robin trägt einen akkurat getrimmten Crewcut-Haarschnitt und den gleichen schwarzen Pilotenoverall, der auf allen Fotos zu sehen ist, die man über ihn im Internet finden kann. Als ich ihn auf seine vielen Berufe und Projekte anspreche, reagiert er mit seinem typischen einnehmenden Lächeln, aus dem Schalk und Lebensfreude strahlen.

»Ich bin aus Jamaica, da hast du 15 Jobs. Ich bin Pilot, leite eine Firma, bin Unternehmer, mache Marketing, Werbung, bilde auf dem Helikopter aus, mache Luftaufnahmen, arbeite für Filmproduktionen, unterstütze die Polizei aus der Luft bei der Verbrechensbekämpfung, bin Reservepolizist. Und wir helfen Kindern. Alles, was wir machen, ist für die Kinder.«

»Und was brachte dich auf die Idee mit dem Museum und dem Engagement für die Kinder?«

»Ich war in vielen TV-Shows und Filmen. Es gibt ein Buch über mich, ich war in der ›Oprah Winfrey Show‹. Da haben mich Lehrer gesehen und zu Schulveranstaltungen eingeladen, denn jemand, der aussieht wie ich, und tut, was ich tue, ist selten.«

Robin landet mit seinem Heli regelmäßig auf dem Gelände der Schule, die ihn einlädt, nimmt die Schüler mit in die Luft und spricht zu ihnen, um sie zu inspirieren.

»Wenn ich den Kindern in der Schule sage, sie sollen sich

anstrengen, Hausaufgaben machen, pünktlich zur Schule kommen, hört auf, euch zu prügeln, sprecht mehr miteinander, verbessert eure Noten, dann machen sie das.«

Am Ende des Schuljahres gibt Robin ihnen Flugunterricht, ohne dass sie dafür Geld bezahlen müssen. Umsonst soll es natürlich trotzdem nicht sein. Die Kinder arbeiten, für eine Stunde Einsatz bekommen sie eine Stunde Unterricht.

»Ich lasse sie Flugzeuge waschen, Telefondienst machen, den Hangar schrubben, Hausaufgaben machen, Nachhilfe geben, Nachhilfe bekommen. Damit verdienen sie sich Flugzeit.«

Es ist nicht nur der Spaß am Fliegen selbst, der die Kinder und Jugendlichen begeistert. Für Robin hat die Fliegerei auch eine extrem starke Symbolkraft.

»Kinder stehen da drauf, weil für sie Fliegen etwas Unmögliches ist. Sie sind mit Schwerkraft aufgewachsen und wissen, was hochsteigt, kommt irgendwann eigentlich wieder runter. Aber Luftfahrt, vor allem ein Helikopter, trotzt der Schwerkraft. Er kann schweben, sich bewegen, wie es Kinder nicht können. Und dann schauen sie auf ihre Situation, ihre Familie und denken, ihr Schicksal ist vorbestimmt. Eine kriminelle Laufbahn ist vorgezeichnet, die Statistik sagt, dass sie keine Arbeit bekommen werden, dass sie als Drogendealer, als Kriminelle enden müssen. ›Aber wenn dieses Ding fliegen kann‹, denken sie, ›dann kann ich ja vielleicht etwas ändern. Vielleicht gibt es in meiner Familie keinen Arzt, aber vielleicht kann ich einer werden. Wenn dieses Ding fliegt, kann ich auch alles erreichen, was ich will.‹«

Das klingt schon auch nach einer großen Portion Wunschdenken. Aber schließlich ist Hollywood nicht weit, und die Erfolgsgeschichten der Schüler, mit denen Robin in der Vergangenheit zu tun hatte, belegen, dass seine Theorie funktioniert. Er erzählt mir von einer jungen Pilotin, die jetzt Passagierflugzeuge fliegt. Andere Absolventen seiner Flugschule wurden Flugzeugmechaniker bei einer großen Airline oder haben schon in jungen Jahren Langstreckenrekorde aufgestellt, wie der elfjährige Jimmy Haywood, der als jüngster Afroamerikaner einen internationalen Hin- und Rückflug schaffte. Viel älter mag auch Cassandra nicht sein, unsere Pilotin für einen kurzen Rundflug im Helikopter, zu dem Robin mich einlädt. Er holt sie aus dem Computerraum, in dem manchmal gelernt und noch mehr gespielt wird. Cassandra nimmt rechts im Cockpit Platz, wo Robin sie anschnallt und ihr den Kopfhörer mit Mikrofonbügel gibt. Er setzt sich daneben, ich steige hinten ein. Den Start übernimmt Robin, kaum sind wir abgehoben, übergibt er aber den Steuerknüppel an seine Schülerin. Nervös macht ihn das überhaupt nicht.

»Oh nein, ich weiß doch, dass wir in guten Händen sind.«

»Ist einfach«, pflichtet Cassandra ihm bei, als wir über die Tennisplätze fliegen, auf denen die Williams-Schwestern trainiert haben, und Robin kurz darauf nach unten zeigt.

»In diesen Wohnungen haben Dr. Dre und Ice Cube gelebt, als sie NWA gegründet haben. Das da ist Tragniew Park. DJ Quik hat dort immer rumgehangen.« Namen, die amerikanische Musikgeschichte geschrieben haben. Und Robin ist auf dem besten Weg, ein paar weitere Kapitel aus der Luftfahrtgeschichte zu ergänzen.

Aus der Vogelperspektive zurück auf den Radsattel. Der Verkehr wird unerträglich, schon vor Santa Monica stauen sich die Autos. Samstagabend, einen turbulenteren Moment für die Ankunft hätte ich mir nicht aussuchen können.

Es ist der 17. August, vor exakt drei Monaten bin ich in New York gestartet. Tausende Radkilometer habe ich zurückgelegt und Zehntausende Höhenmeter gesammelt. Im Radio laufen die gleichen Songs, die mich den ganzen Sommer begleitet haben. Zwischendrin nervte die fehlende Vielfalt. Jetzt aber rufen die Lieder Erinnerungen wach, Momente der Reise und vor allem Begegnungen mit den Menschen, die ich an den Rändern der Highways in 15 Bundesstaaten getroffen habe. Ob Wild Bill wohl inzwischen auf seiner Harley sitzt und auch nach Westen braust? Marks neuer *Muffler Man* lockt in New Mexico bestimmt längst die

Kundschaft, vielleicht hat Horace sein Baumhaus doch wiedereröffnet. In Nashville schmieden sie an neuen Hits, Thor ist hoffentlich von Tornados verschont geblieben und bereitet die nächste Weizenaussaat vor. M.T. grantelt weiter in seiner Werkstatt oder erfreut sich an den Schimpfwörtern auf seinem neuesten Kunstwerk. Gay hat den erhofften Hirsch erlegt, Randy formt in seiner Backstube leckere Zimtschnecken. Auf dem Highway 50 sammeln die Touristen fleißig Stempel für die Urkunde, und Gene lackiert wahrscheinlich gerade für einen Kunden in Australien einen Mercury.

Ich rolle die letzten Meter auf der Rampe zum Santa Monica Pier und halte vor dem Schild, das das Ende der Route 66 markiert, inmitten eines quirligen Treibens von Besuchern aus der ganzen Welt. Ja, es ist schön, es geschafft, das Ziel erreicht zu haben. Noch lieber aber würde ich sofort wieder aufbrechen, einfach weiterziehen, zurück auf die Highways, und mich forttreiben lassen. Vielleicht bin ich ja doch irgendwie süchtig…

Danke...

ans Buchteam für die jedes Mal wieder inspirierende, großartige Zusammenarbeit und Eure Geduld: Bettina Feldweg und Isabella Jaross.

an unsere Partner für die Treue und den großzügigen Support:
  Tatonka
  Canon Deutschland
  Ortlieb
  America Unlimited
  Visit USA
  Paul Lange & Co.
  Stevens Bikes
  Bayern 2

an Claudia Axmann fürs Mitreisen, die tollen Radfotos und so vieles mehr.

an die bereisten Staaten für wertvollen Input und logistische Unterstützung: New York, New Jersey, Pennsylvania, Virginia, Tennessee, Arkansas, Kansas, Colorado, Utah, Nevada und Kalifornien.

And of course a big thanks to all the Warmshowers-hosts, friends and freaks along the highways!

"The road goes on forever and the party never ends..." Robert Earl Keen, »The Road Goes On Forever«